希代の相場師是川銀蔵

阿修羅を生きる黄金の顔の全貌

中村 光行

KKベストブック

本書は、小社より昭和五十七年十月に発刊された『希代の相場師是川銀蔵 阿修羅を生きる黄金の顔の全貌』を改訂したものです。

●希代の相場師 是川銀蔵 阿修羅を生きる黄金の顔の全貌 目次

蜃気楼の発見

1

カブト町の朝は早い。

各社の場立ちが、三々五々連れだって取引所の立会場に集まって来る。

しかし、朝方は月曜日ということもあって、外人買いの支援が、ほとんど入らなかった。

いわゆる月曜呆けだ。

為替相場の急ピッチな円安で、見送りムードが強く、重苦しい気分が、市場内に満ちあふれていた。

そのなかで住友金鉱だけは、別だった。

前日、土曜日の大引け値は六百八十五円を付けて終わったが、今朝の寄り付きに集まった成行き注文は、大きくふくれた。

六十万株の売りものに対して、百六十万株の買いものが殺到したのである。

何と、二・七倍もの買い注文が入ったのだ。

この住友金鉱に刺激されたか、十時過ぎから市場は明るくなった。

米国金利の再上昇傾向を無視して、材料株の商いが盛りあがりを見せて来たのだ。

もちろん、中心は住友金鉱である。

「七百円の大台乗せは、先ず間違いあるまい」

「いや、この勢いなら一気にストップ高をつけても不思議でないぞ」

市場内の誰しもが、一種の昂奮状態だ。

買い人気が急速に盛りあがり、その結果、株価が大きく値を飛ばすと、市場が混乱する。取引所では、危険防止のために呼び値の値幅制限を設けているのが、俗にいうストップ値だ。制限値幅は百円未満が、上下三十円。

百円以上二百円未満が同五十円。

二百円以上五百円未満が同八十円。

五百円以上千円未満は上下百円の値幅と、段階別に分けられている。

寄り付きは、七百円ちょうどで始まった。

株価の動きは早く、多くの場立ちは熱くなって、神経は昂ぶり気味だ。

広い立会場のドームには、押し寄せる波涛《はとう》の音が、しだいに満ち来るように、異様な音の塊まりが、自然と集まって来た。

電話席の係員が場立ちを呼ぶ株式市場独特の声が、ドームの隅々から湧いて来る。

まるでそれは、大滝から落ちた飛沫が放つ、轟音のようでもあった。

君子豹変というか、寄り付きの月曜呆けなど、もうどこにも見られぬほど、がむしゃらな買い意欲の攻勢となった。

「売り方が、いよいよ買いもどしに入って来た相場だな」

「典型的な踏みあげ相場になったことは、先ず間違いない」

株式部と市場内部の場電をつなぐ電話担当者たちの会話も、オクターブが高い。

確かに、売り方の踏みあげ相場の様相を呈して来た。

自分がカラ売りした値より、株価がどんどん上昇するのを見て、たまらなくなり、即刻買いもどすことを、相場の世界では踏むという。

もともとは花札賭博から生まれた言葉で、同種の札を二枚持っているとき、場に同じ札が出ると、合わせて先ず取っておく。

そして、残りの一枚も自分のものにしようと意図することを、踏むというのだ。

その踏みあげ相場が始まったと、多くの人が直感した。

東証信用残高は、買いが七千八百万株あるのに対して、売りの残は三千七百三十七万株だから二対一の比率だ。

昨年九月に信用取引で売った連中が、たまらなくなって、買いもどして来た。

九月の安値は二百十七円。

売り方が我慢できぬ気持も、分かろうというものだ。

前の週から国際優良株が動意づいたが、貿易摩擦問題のたかまりから見ても、一本調子で買われる地合いではない。

そうなれば、仕手株の代表銘柄である住友金鉱が活躍するのは、当然の理屈といえるわけだ。

鹿児島県菱刈町にある菱刈金山が、鉱石一トン当たりの含有量千三百グラムという驚異的な金鉱脈を発見したとのニュースが、流れたのである。

この話が本当なら、世界でも類を見ない高品位の金を、含んでいることになるのだ。

カブト町の利にさとい連中が、ダボハゼのように食いつくのは、当たり前だった。

もちろんカブト町や、キタハマの日本人のみでなく、ロンドン筋の買い注文も入るし、香港筋の買いも目白押しに入って来た。

日本の株式市場については、研究しつくしている海外の機関投資家の資金も、当然のように投入されたから、相場のスケールは、否応なしに大きくなった。

国内大手の法人筋のなかには、昨年の暮れに、五百円台で大量にカラ売りをしかけたものの、いまは逆に買い方にドテンしてしまったケースも、めずらしくなかったのである。

2

株価の動きは、一向に停まらない。

それどころか、七百円の大台がわりで寄り付いた住友金鉱は、もうひとあげを意図してか、七百五円の上値を付けた。

曇り空が、カブト町を低く覆う冬型気圧の配置で、寒気にふるえ、コートの衿をたてる一月二十五日だった。

市場内には、市場内のみに流れるニュースを、専門に取材しているスタッフがおり、各証券会社が互いに入手した情報を流したり、流してもらったりする。

大証券は、意識的にニュースを流す。

自社が、いま取りあげている銘柄をコメントし、中小証券に提灯をつけてもらいたいとの意図があるのだ。

もちろん営業部とか、株式部も傘下の関係各社。

それは資本参加している子会社を主力とするが、そこまで血縁関係がなくても好い。

それなりのパイプでつながっている友好店などを、毎週何曜日の何時からと、決まった日の決まった時刻に招き、レクチャーをやる。

情報面に弱い中小証券は、そこでコメントされる銘柄が、多少当たりはずれがあっても、お説ごもっともと拝聴して帰るわけだ。

そして、たいていの場合、大証券の逃げ場づくりになることが多く、他所の業界では理解できぬハレンチ行為が平然と、それも日常茶飯事行なわれている。

しかし、市場内で取材されるニュースは、ひと味も、ふた味も、それらレクチャーの材料とは違うと、市場の情報マンは自負している。

各社の情報マンが、このところ血眼になって追っかけるのは、丸山証券の動静だ。

丸山証券の動きは、これ即是川銀蔵との読みがある。

店で待機する株式部も、営業部も、市場から流れてくるニュースに神経質だ。

なかには市場から入って来るニュースは、単なる市場内の噂を、まことしやかに流すのみで責任がハッキリせぬ。

当然、無責任そのものと、危険視する人が多いのも事実だが、いま現在は市場のニュースに、大勢の人が神経をピリピリさせているのが正直なところだ。

投資家のなかには、ニュースが多いか、少ないかで取引店を変えるケースもあるから、期待度はそれなりに大きい。

日本橋証券の尾崎昌次は、市場部長だ。

市場内でのニュース取材が仕事だった。

「尾崎さんがいったように、とうとう、住友山は七百円の大台がわりをやったね」

話かけたのは、東朝新聞の宮本圭一だ。

「これからひと暴れも、ふた暴れもやるかも知れぬ。是銀さんが今後どう出るかがカギだが、この相場は大きいよ」

住友金鉱の買い本尊は、キタハマの相場師・是川銀蔵と噂されるが、是銀さんと愛称で呼ばれることも多い。

「丸山証券は、是銀さんのいうままに市場へ注文を出すんでしょうが、やはり相当な高値を考えてますか」

「それは分からんが、この七百円どころで終わる相場とは思えんね」

抑揚を押さえた口調で、尾崎は宮本の問いかけに応えていた。

自分のこころの内側を、さとられては困るというわけでもないが、尾崎の勘は、宮本記者に危惧を抱いていたのだ。

こころを許せぬものを感じるのだ。

「尾崎さんが、いままで体験した長い場立ち生活で、この住友山のような相場は初めてですか」

「今度の住友山は個人の相場師が、まず買い出したわけだが、その銘柄に大証券から中小証券までの総てが提灯をつけたというのは、最近はないね」

「誠備の場合とは、違ってますな」

宮本は、口の端に皮肉っぽい笑みを浮かばせた。

「誠備グループは、個人投資家を集めてワッサモッサやったわけだが、是銀さんは投資家を糾合するとか、号令をかけるとかはやらぬし、そんなタイプでもないよ」

「カリスマではない」

「そうだ。カリスマ的な神秘さを意識的につくる人ではないね」

「そうですね」

「誠備グループは、われわれは個人株主の味方だと強調した。ながい間、騙されて来た個人投資家の怨念の仕返しが、いま始まったと大見得を切った」

尾崎は、声のオクターブをかえた。

「あれはまずかったと思う」

「テンション民族になってしまった」

「宮本くん。何ごとも、やり過ぎは敗北につながるよ」

3

尾崎昌次の日本橋証券入社は、昭和二十四年の五月。

戦後、証券界が米国の占領政策を受け入れ、会員取引所として、再発足したときである。

カブト町の戦後史を生きて来た人物、といえる男だ。

その尾崎が一度言葉をきって、背の高い宮本圭一の顔を仰ぎ見るようにした。

「宮本くん。一度、鹿児島へ飛んだらどうだい」

宮本は尾崎の言葉に、ハッと驚いたらしい。しかし、何も応えず、外人のように肩をすくめる真似をした。そして、尾崎のつぎの言葉をうながすように目を光らせた。

「あんたのことだ。何か材料を掴んで帰えるだろう」

「さあー、それは社が行かしてくれるかが先ず問題です」

宮本は、曖昧な口調で返事した。確かに、一介の相場師に過ぎない是川銀蔵が買い出した住友金鉱に付く提灯は、いままでに例がないほど凄い。

つぎからつぎと、買い注文の赤いペロがきられている。証券会社では、買い注文には赤い伝票を用い、売りには青い伝票を用いる。そして、伝票のことを、単にペロと呼ぶのだ。

是川銀蔵の材料が、果たしてホンモノかニセモノかは、相場に直接、手をそめていなくとも知りたがっている人が、ワンサといる。

「そうだ」

宮本は思った。

尾崎が鹿児島へ飛んでみろと、軽く、それこそ調子にのって何げなくいったであろう言葉に、舌なめずりするような誘惑を覚えた。

「鹿児島へ行けば、何かがあるかも知れぬ」

銀蔵がいっているように、菱刈金山が鉱石一トン当たり千三百グラムの金鉱脈を発見したとのニュースが、ホンモノかニセモノかが判明するはずだ。

あのとき、尾崎は青いカラーシャツの衿もとをゆるめながらいった。

「是銀さんは、菱刈金山から金が出るとはいっても、いくら出るとはいっていない」

「そうですか」

「いま提灯をつけている人たちは、肝心な点を見過して買いついているんだ」

「そうですか、一度も説明してませんか」

「してないよ」

宮本の大きな耳が、そのとき、かすかに動いたと尾崎には思えた。

緊張すると、耳が動く奇妙な癖を宮本は持っていた。

そういえばカブト町の人も、キタハマの人も株価の動きに眼を奪われ、空中楼閣同様の蜃気楼を買っているのかも知れない。空気密度の違いでおこる光の異常屈折現象を、蜃気楼というのだ。夢のような蜃気楼をつくり出すように、いまの株式市場では、ホンモノなら世界一の産金国になるかも知れぬとの言葉に酔っている。

金鉱脈の発見という異常フィーバーに妄動しているのかも知れない。

そこにあるのは、見えぬがゆえに勇ましい盲人特有の猪突猛進かも知れないのだ。

こうなると、是が非でもデスクを説得して、鹿児島へ出かけねばならぬと、宮本は決意した。取引所から外に出ると、さすがに寒気は厳しく、背広の衿をたて茅場町の社へ急いだ。

好いことを、尾崎が言ってくれた。是川銀蔵は、いくらの金が出るとは、一度もいっていない。出ることは、間違いなく出るだろう。それは今日、七百円台がわりした株価が証明している。

しかし、問題は、量の大小にかかっているのだ。

いくらの金が出るのか、ハッキリしなければ、〝仏つくって魂入れず〟になる。

ネズミ動く

1

音をたてぬように閉じたつもりのドアが、逆に大きくきしんで、音をたてた。

背が低いかわりに、人一倍、眼の大きい久我恵太郎専務は電話をかけていた。部屋に入って来た尾崎を見ると、応接用のソファを指さし、腰かけるように指示して、なおも電話に語りかけていた。

「急ぐのかね」

尾崎はソファに腰かけながら、久我の押し殺した声を聴いていた。からだの小さな人によくあるように、久我の声は、普通の人より何倍か大きく、社内でも有名だった。

しかし、いまは意識的に声量を抑えて話していることが分かった。それは話の内容が、声を抑えるほど秘密に属し、重要であることを尾崎にも想像させるのに十分だった。

「よし分かった。それなら三十日の土曜日、午後三時に来てもらおう」

相手の返事を待たずに久我は、はずみをつけて電話をきった。そして、巨きな机を回ってソファの方へ、大股で歩きより、ドカッと音がするような力強さで尾崎の前に腰かけ、

「どうだ‼」

アゴを前に突きだすようにして話かけた。

「元気です」

「そうか」

本当は、そんなことどうでも好いんだということが、返事の早さでわかる。

テーブルの上の来客用に用意したタバコを取り上げ、ライターの火をつけると、久我はうまそうに吹かした。天井に煙を吹き上げながら、尾崎の顔を見ずにいった。

「是川銀蔵という人物は、いったい何者か教えて欲しい」

「是銀さんですか」

「そうだ。是銀さんだ」

尾崎は、うわ目づかいで久我の顔を見あげながら、問いかけの本意が、どこにあるのか判断しようとしたが、要領を得なかった。

「是川銀蔵の情報提供で、逢いたいといって来てるんだ。証券界の裏話には、わが社では市場部長の君がいちばん詳しいと日頃、耳にしておるから来てもらったのだが、知らんかね」

「日本セメント、同和山、それにいまの住友山の相場をつくった買い本尊といわれてますが――」

「そんなことは分かってるよ。ワシが知りたいのは、是川銀蔵が、どれくらいの資金を動かせるかを知りたいんだ」

「ハイ」

「君は市場部長だが、この世界では顔も広く、実質は広報も兼ねておるから、いろんなニュースが入って来る立場にいるはずだ。当然、彼のことは聞いておるだろう」

尾崎は口もとをひきしめ、緊張していた。

「是川銀蔵は熱海の駅に近いマンションに住んでますが、現住所は大阪南部の富田林においてあるそうです。熱海は居住地なんです」

「ウン。それで新聞雑誌は、かれのことをキタハマの相場師と書くわけか」

「そうです。もともとは大陸浪人で、朝鮮の金山株を買ったり、鉄鉱石を掘ったりしていたようです」

久我は、尾崎の説明を聞きながら、血色のよい、そして脂に光った顔を掌で何回も撫でまわした。

「同和山の相場では、世界的に非鉄金属の需給が逼迫すると読んだのです」

「ウン」

「ハント兄弟の破産で目算がくずれ、損はなかったものの儲けもなく、結局はトントン計算になったようです」

売り買いトントン計算、利益も出なかったが、損にもならなかったというのである。供給不足で、商品の値段が上がるのは物の道理だ。銀蔵は非鉄金属の供給がほそって、銅の相場は暴騰間違いなしと判じたが、この予測そのものは誤りなかったと思える。しかし、結果は拙く出たのである。

2

銀蔵とて神でない以上、ハント兄弟の破産は予測できなかった。

H・L・ハントは、七歳のときに母親を亡くし、十代で西部をさすらったギャンブラーだが、テキサスで油田にぶち当って超富豪となった。

ハントには、先妻の息子三人と二人の娘がいた。それに後妻にも男子一人、女子三人がおり、遺産分けに苦慮しているとき、リビアに誕生した社会主義政権に、資産の油田を国有化されてしまったのである。資産を取りもどすべく先妻の息子である次男バンカー、三男ハーバートたちが奮起した。

シカゴ、ニューヨーク市場で一九七三年に銀、砂糖を、七七年に大豆を買い占め、世界をゆるがしたが、このハント兄弟が銀相場で失敗してしまった。ニューヨーク株式が暴落し、世界の株式市場もつれ安した。一緒に暴落したのである。

もちろん同和鉱業の株価も暴落し、九百円から三百三十一円まで棒下げを演じた。

相場は、おしまいである。同和鉱業の相場は、潰れた。

「この相場では、もとのもくあみになってしまったといわれてます」

「そうか」

小さなからだを折り曲げるようにして、久我は、

「すると、いまの是川銀蔵は住友山を仕掛けるのに、十二分のカネがあるとはいえぬわけだ」

ぴしゃりと、いいきった。

「それほどのゆとりはないと思います」

尾崎は、やや反り身になって久我専務を見つめながらつづけた。

「是川銀蔵は同和山の相場を千二百円まで持って行くつもりでした。その考えが狂ったわけです」

「人間の知恵に限界があることを思い知らされた」

「そういうことになります」

なんとなくオクターブを上げ、荒っぽい雰囲気で久我がいった。

「実は東朝新聞の宮本圭一が是川銀蔵の商いを、当社に取りつぐことができると申し入れて来るらしい」

「宮本ですか」

「そうだ。宮本は、ただ逢ってくれさえすれば好いというんだが、子どもであるまいし、逢う以上は

当然なんらかの申し入れなり、相談が持ち込まれることは間違いあるまい」

「是銀さんに逢うんですか」

「いや、来るのは宮本一人らしい」

「それでも顔を合わす以上、何かを持ち込みますね」

「いったい何だと思う」

「ズバリ住友山でしょう」

尾崎は背中に一本、強靭なバネが入っているかのように、ぐいと身をそらせた。

「わしも住友山が出ると思うが、是川銀蔵はカネに困っているのか」

「同和山で失敗したのち、誠備グループの銘柄に売りむかったのは成功してます。石井鉄工を売って、六十億円儲けたことは聞いていますが――」

「六十億ね」

「六十億と、わたしは聞きました」

「よし分かった」

右手を耳の横まで持ち上げ、尾崎に軽く会釈すると、久我はもう立ち上がっていた。

それにしても、宮本には、今朝の市場で住友金鉱の動きについてコメントを求められた仲だ。

「あの男、ただのネズミでないな」

尾崎は、専務室を辞すとき、耳の大きい宮本の顔を思い出した。

「久我専務に逢う予定があるなどとは、素振りも見せなかった」

濡れ雑巾で、急に顔をぬぐわれた思いだった。

菱刈金山

1

鹿児島県伊佐郡の北薩串木野地区で、金鉱石の発掘が、急ピッチですすめられている。

ローカル線の宮之城線と、山野線の分岐点に当たる薩摩大口駅。

なんの変哲もない、田舎の小さな駅だ。

この大口駅から、自動車に三十分ほどゆられると、丘陵に囲まれた菱刈町山田の大口地区がある。

戸数は、わずか十七戸だから文字どおりの寒村だ。

どこでも見かける閑かな山の部落だが、このところ大きく変わった。

静かな山里に、変化が生じたのだ。

世界一の金鉱脈を発見したとのニュースで、かしましい狂騒曲のまっただなかに放り出されたのである。

田畑が潰され、ボーリングのテントが張られた。

テントの周りを、ブルドーザーが、忙し気に唸り声をあげ、ダンプが走りまわる目まぐるしさだ。

ボーリングの直ぐ左隣りの農地を、ブルドーザーが整地している。

掘り出した金鉱石の集積場所か、加工々場にする予定らしい。

まさに生々しい金鉱脈の発掘現場になるが、住友金鉱が本格的にボーリングを開始したのは、昨年の十一月十六日である。

わが国が全国の金山から発掘する金の年間産出量は、一・六九四トンに過ぎない。

銅鉱石など、他の鉱石類を精錬するときも、金は採れる。

しかし、この量も二トンほどだから、合わせても三・七トンが、日本の鉱山から産出される金の量だ。

南アフリカ共和国では、一つの金山で年間五〇トンもの量を産出するから、到底、比較にならぬ産量である。

菱刈山田では、一日二交代の徹夜作業でボーリングしていた。

その猛ハッスルぶりを、一日に三十時間も稼動しているのでは、と村の人々は笑っていう。

「よそ者に話をすると、大目玉を食らうんでね」

テントから出て来た作業員は、多くを語りたがらない。

会社が徹底した緘口令を現場に厳命しており、作業員は気難しげに、表情をこわばらせるだけだ。

タクシーから、いま降りて話かけて来た長身の宮本に、現場の責任者は、迷惑そうに言うのだった。

「町役場の人たちにも、テントのなかへ入ることは遠慮してもらってるほどでね。わざわざ東京から、やって来るあんたらには悪いけど話すことは何もないよ。そうそう写真も困るんだ」

宮本が無雑作にぶらさげているカメラを、目ざとく見つけ、作業員は苦情を呈した。

「そうですか」

なんとも、気まずい雰囲気だ。

「参ったなー」

ながく伸ばした黒い髪を、右手で掻きあげたコート姿の宮本は、苦笑した。

確かに宮本の眉目は、涼し気で秀麗だ。それも、ただの美男子タイプではない。鋭どい鼻梁《びりょう》が、抜け目なさそうな顔を、二つに分け彫琢《ちょうたく》している。また、その耳朶《みみたぶ》は獣のようにうすく異様に大きかった。

2

差し出したものの受け取ることを拒否され、行手を失なった自分の名刺を手にして、宮本は、とまどっていた。

それでも、執拗に話しかけた。

「そんなに大勢の人が、東京から見学に来ますか――」

「そら来るよ。昨日も黒い自動車に乗った得体の知れん男が五人も来た。明日からは立ち入り禁止の札をたてようか、といっているぐらいだよ」

人のよさそうな作業員は、気の毒そうにいった。

実際、現場の作業員としては、迷惑千万な話である。

どこの馬の骨か、牛の骨かも分からぬ連中が、毎日のように押しかけて来る。

現場の人間としては、たまったものではない。

鉱脈を噛み取るのに用いられるダイヤは、四〇カラットもある。そのダイヤを先端に埋め込んだボーリングのパイプが、地下にむかって回転しながら、いまも掘りすすんで行く。上手く行けば、過去に例を見ない日本一の金鉱脈の発見に、成功するかも知れぬ注目の作業だ。

よそ者を極端に拒否し、ことを秘密裏にすすめたい会社側の気持も、分かろうというものである。

「だいたい見に来る人たちの質問は、決まっている。鉱石の品位は、どの程度高いか。鉱脈の幅はどうか、長さはどうかという質問が多いよ」

手についた泥をはらいながら、あけっぴろげの調子で、作業員は宮本に説明した。

「それに知りたいと思うのは、埋蔵量ですよ」

「そうなんだ。だけど、それらのどれ一つも、われわれのような現場の作業員には分からんです。第一、ピカピカ光った金の伸べ板が出て来るわけではないですからね」

「そらまあー、そうでしょうが」

「あんたらは知らんだろうが、この付近で金の出る場所は、そこら中に一杯あるよ。佐渡でも掘れば、いくらでも出ると思うな」

「いまでも出ますか」

「いまでも出るよ。だけどソロバン勘定が合わんです。江戸時代に佐渡を掘ったのは、人件費を必要とせんから採算が合った。何しろ伝馬町の囚人を連れて行って掘らせたから、労賃は一文もいらない」

「タダより安いものはないからね」

「ところがあんた。いま掘れば、健康保険をはじめ社会保険の面倒を見たりでコストがかかり過ぎ、商業ベースには乗らないよ」

「そうですか」

宮本は、作業員の声を録音すべく、コートのポケットに潜ませていたテープのスイッチを、顔色一つ変えずに入れた。

わが国の金鉱脈は、ほとんどが細い上に、電力料金や人件費の上昇が急で、採掘コストはウナギのぼりに高くなっている。

一グラム当たり三千円を割り込んで、二千八百円から九百円という最近の金価格では、日本の金山は完全にお手上げの状態で、採算ギリギリの線に落ち込んでいるのが正直なところだ。

それだからこそ、カブト町で流されている噂どおりの含有量が本当なら、住友金鉱の株価は、何倍に化けるか見当がつかないことになる。

含有量が増えるなら、すこしの無理も、強引さもないということになるわけだ。

昨年の九月中旬までは、二百円台にあった住友金鉱の株価が、十月末にはなんと六百十五円の高値を一気に付けた。

一日の平均出来高は、実に一千五百七十四万九千株で、月間の出来高は三億九千万株と急膨した。

東証出来高のトップに踊り出たことは、もちろんである。

そして、一昨日の二十五日には七百五円に化けたから、買い方の笑いはとまらない。

3

「確か去年の九月に金属事業団が、ここの金鉱脈を発見したのですね」

相手の機嫌をそこなわぬように、宮本は笑顔で質問して、答えを待った。

「そのときの調査では東西に四〇〇メートルの鉱脈があって、深さは二四一メートルから二七七メートル辺りというんだ」

「含有量は、どれくらいあったんです」

「トン当たり六三・七グラムから多いところで、二二〇・三グラムあったというんだがね。二二〇・三グラムといえば、常識では到底想像つかない含有量になる」

「平均五グラムが国内の常識的な含有量と、わたしたちは聞いています」

「そらそうでしょう。国内最高といわれる兵庫県赤穂の大泊鉱山さえ、二〇グラムですからね」

宮本の手は、コートのなかのテープのスイッチを、秘かに切った。

「是川銀蔵の炯眼《けいがん》が当たったわけですな」

「是川さんという名前を、このところよく耳にしますが、いったい何者ですか――」

作業員には、先日らい急に話題になり出した是川銀蔵の名前は、怪訝そのものであったらしい。

しかし、それは当然のことでもある。

昨日、東京からやって来た五人連れの男も、声高に話していた。

「是銀さんの話は、どうやら本当らしいな」

「いや、カブト町の話よりも、スケールが大きいのじゃありませんか」

作業員の背後で、興奮気味に話す男たちが、しきりに是川銀蔵という名前を口にしていたのだ。

是川銀蔵、ときには略して是銀さんと親し気に呼ばれている人間が、どうも会社外の人物とは作業員にも理解できる。

それなら金の専門家で、この菱刈金山について、とくに調査研究をしている人物かといえば、そうでもないらしい。

「なかなかの傑物ですよ」

「大物ということですか」

「戦争中は朝鮮で、やはり山を掘っていたらしく、菱刈の金山については会社の首脳陣とも、何かと情報を交換しているはずだ」

「それなら余計に、わしら何も話すことはできんよ」

これは藪蛇になってしまったと、宮本は思ったが、つづけて言った。

「そこでカブト町や、キタハマでは住友山の株が暴騰しているんです」

「株の話かね」

「そうです。是銀さんは相場師なんですよ」

「わしらには、まるっきり縁のない話だ」

作業員に、ためらいの気配が見え出したので、宮本は思った。

もう、これ以上は押しても、引いても旨味のある話は出るまいと思ったのだ。

実際、現場の作業員は何も知らない。

知らなくて当然なんだ、と宮本は思った。

しかし、鹿児島まで来た値打ちはあった。

この場所に自分の足で立って見ると、是川銀蔵という男の気迫が、ひしひしと身にしみて来るように思えるからだ。

日本橋証券の尾崎には感謝すべきかも知れぬと思ったりした。

陰の法王登場

1

シンと静まった一室に、テーブルをへだて二人の男がいた。

対照的な二人だった。

五十歳なかばと思える人物は大柄で、贅肉が充分ついており、相手を圧倒せずにおかない巨躯に見える。

派手なチェックの背広を着ているが、特別仕立ての洋服らしい。

しかし、その男が着ると窮屈そうで、見栄えがせぬ。

頭髪はうすく、地肌がすけるのを入念にとかしつけている。

からだに適わしく、顔も大きく、陽に灼けていた。

ふとい眉、血走った凄味のある大きな目、平べったい鼻と厚い唇は、どことなく日本人ばなれしており、下卑な感じを与える。

いま一人の男は、地味な紺の背広に白いワイシャツ。

しかし、その豊富な頭髪には油気がなく、ときどき無雑作に、ながい指で掻きあげていた。

「宮本はん。あんたにしてもらいたい仕事があるんや」

「住友山の件ですね」

「そや、住友山の株価は高過ぎると思うんや」

東朝新聞の宮本圭一は、キタハマで陰の法王と称される権藤太郎の話を、一言も聞きもらさじと構えていた。

鹿児島から帰る途中、大阪の伊丹空港に降りると直ぐタクシーで、キタハマの高層ビルにある権藤商事へ現われたのだ。

テーブルの上には、菱刈金山の発掘現場を撮った十枚ほどの写真がならべられていた。

しかし、権藤は手に取って見ようともせずに、宮本の顔を見つめたまま話をつづけた。

「この前、電話で説明したことを実行して欲しいんじゃ」

宮本は、未だ得心がいかない様子で、首をかしげた。

「発掘現場を見たり、ホテルで訊いた話ではなかなか有望なように思えましたからね」

「そやけど是銀さんがいってるような金が本当に出るんやったら、日本は金の輸入国やなしに、輸出国になってしまう」

こんがりと、ほどよく灼けた顔はゴルフで灼いたに違いない。

カネをかけて灼いたものに違いなかろうが、そうは見えず、沖仲士《おきなかせ》の陽灼けを連想させた。

それほど始終、汗臭い感じのする男が権藤太郎だった。

「宮本はんにしてもらいたい仕事は、注文を受けてくれる店を探すことやけど、適当な店がおますか」

「その件についてては、土曜日の三時に逢う約束を取りつけてます」

「なんで明日、逢わんのや、やることはとっとっとやらんとあかん」

「そう仰言っても、相手の都合もあります」

「誰に逢うんや」

「日本橋証券の久我専務に逢う予定です」

「あんたのことやから、ぬかりはないと思うけど上手いことやって欲しいで」

権藤太郎は窓ぎわに立ち、宮本にいった。

「是銀さんが大阪へ来ると、いつもあの赭《あか》いレンガづくりのビルにあるオフィスに入る。オフィス・マンションというのが流行してるやろ。その一つや」

宮本は権藤が指をさすビルを見たが、赭いマンションはキタハマのビル街では目立たぬビルだった。

「熱海のマンションは七階にあって、真冬でも暖房設備がいらんほど、暖かいと聴いとるけど」

相変らず無表情のまま、権藤はテーブルにもどった。

「上がった株価は、必らず下がるのが株式相場の真実やと、わしは思ってるし、いままでに裏切られたことがない」

「そうですか」

「そうや。そしてな、わしの相場観はムカシのままや。すこしも新しい相場技術なんて勉強せん。それでええ、相場というものは、そういうものやと思う。そいだら、もう帰ってくれてもええ」

もう五時半を過ぎていたが、権藤は宮本に晩飯を食べさせる気はなかった。

権藤が立ち上がって手を差し出したので、宮本は握手をした。

そして、あっと口のなかで呟いたほど権藤太郎の握力は強かった。

2

宮本が、久我を訪ねたのは、土曜日の三時きっかりだった。

勝手知った日本橋証券のこととて、宮本はエレベータを三階で降り、役員専用の受付嬢の前に立った。

「久我専務にお逢いしたい。東朝新聞の宮本です。電話を入れてますから」

受付嬢は背が高く、紺の背広が似合う宮本を知っていた。

「専務、東朝新聞の宮本さまが、お見えでございます」

「応接室へ通ってもらってくれ」

久我特有の、精力的な声が、直ぐ返って来た。

「分かりました。ご案内します」

足の線が美しい受付嬢は、役員専用の応接室へ宮本を先導した。

「直ぐ久我が参りますので」

語尾のハッキリした言葉でいった。

しかし、つぎにドアをノックして現われたのは、紅茶を運んで来た別の受付嬢だった。

宮本が紅茶に角砂糖を入れたところに、奥のドアから久我が、のそりと入って来たが、顔見知りの宮本のこと故か、軽く目で会釈したのみで、ドカッと腰かけテーブルのタバコを口にくわえた。

「約束の時間厳守か」

「お待たせしたら失礼になりますからね」

宮本は、久我の目を真正面から見据えた。

「専務は、ブラック・マネーをご存じでしょう」

「ブラック・マネーというのは、地下資金のことか」

「そうです」

「正直なところ勉強不足で、知識は皆無だ」

それは意外なことを仰言ると、宮本はひとヒザ前へ乗り出すようにした。

「だいたい地下経済と称されるブラック・マネーは、税務当局の追及を逃れて動く脱税資金が大きいようです」

「脱税資金ね」

「合法的活動というのは脱税です。非合法的なものは、犯罪につながっているわけですよ」

「しかし、脱税も犯罪だろう」

「脱税行為は、追徴金を支払ってしまえば晴天白日の身になります」

「そんなものか」

「非合法な分類に入るのは、先ず麻薬売買。それに盗品売買、わいろ、詐欺、売春などの不法行為で、それが近年は増加傾向にあります」

「まともな商業行為でないから、利益を表面に出せぬわけだな」

「仰言るとおりです」

「まさにブラックだ」

久我は、ぼってりした厚い唇を舌で舐めまわすようにしながら、宮本に質問した。

「当局は、ボサッと見てるわけかー」

「税務当局は、これらの数字は過大にすぎるといってます。しかし、エコノミストの間では、GNPの一〇パーセントから一五パーセントが、それに相当するとの見解が多く、先ず間違いなかろうとされてます」

「詳しいね」

宮本は、ちょっと笑いを見せながら話をつづけた。

「三分の一が不法行為によって生じるもので、あとの三分の二が脱税によるものらしいですね。所得を申告せずにごまかしたり、申告しても過少申告することで生じる脱税資金というわけです。やはり筆頭は、自営業者によるものですが、圧倒的に多いのは医者のようです」

「ブラック・マネーは、いったいどれほどあるんだ」

「昨年まではGNPの一五パーセントに相当する金額が、ブラック・マネーと考えられましたが、このところは急激に増加してます。今年は前年に比べると、一三パーセントは増えたと思えます」

「それなら君、二八パーセントということになるよ」

「大蔵省は七兆円程度と考えているようですが、百二十兆円は十分にあると思えるんです」

「七兆円と百二十兆円では、開きが大き過ぎる」

「七兆円は、大蔵が公式に認めている裏ガネ。百二十兆円はT紙が報道したもので、個人資産の三七パーセントに達しているといいます」

「三七パーセントがブラック・マネーとは驚くな」

背丈が高く、筋骨のたくましい宮本と比べると、どちらかというと肌の色が赭黒く、それこそタンクのような体躯の持ち主である久我は、ぼちぼち本題に入ることを求めた。

3

「日本のブラック・マネーが百二十兆円もあるとすれば専務、これは無視できません。われわれが知ることのできないパイプで、株式市場にも当然、入って来ていると考えられます」

「全部が全部入って来なくとも、何割かは入っていると考える方が正しいだろう。われわれの知らないパイプというが、君はブラック・マネーに関係があるな」

「そういわれると困るけど、ある程度のニュースは入ります」

「それでー」

「この種のカネを住友山の相場に投入して見たら面白いと思うのです。そこでご相談にあがったわけです」

ベテランの勘で久我は、宮本が緊張しているのに気がついた。

だから、無理に抑揚を利かせぬ声で語りかけていると、思えるのだ。

久我恵太郎は自分自身も、正直なところ、それほど度胸があると思わぬし、むしろ厭《いや》になるぐらい小心で、臆病であったから宮本の緊張が、よく分かるのだ。

「株価は、自然的な現象で動くものではないでしょう。いつも誰かが工作して上げたり、下げたりする要因をつくっており、人為的なものです」

「わしも、そう思うときがある」

「医師の投資家にいわせると、株価の動きは、人間の脈拍グラフのようだといいます。健康人の脈拍は、規則正しく動く。このようなときは診断を必要とせぬ。つまり健康人の脈拍のように変化をしめさぬ株価に、医者は興味がない。ところが乱高下しはじめると、急に興味が湧いて来る。そして、株価を臨床医学的に診ようとするんです」

「面白いね」

宮本は、自分の話に関心をしめした久我に感謝するような表情でつづけた。

「住友山の相場は、まさにいま臨床医学的な興味を呼ぶ動きをしめしてます。ブラック・マネーにとっては格好の銘柄と思うのですよ」

ようやく山の陰から、本題が顔を出したわけである。

久我の背後の壁に、ルノワールの絵が懸っていた。

ころころ肥えた若いおんなが、胸をはだけ、ぼんやりした顔で宮本を見ている。

すこし額が曲っていたが、妙に艶っぽく見える女性像だ。

ルノワールは、たしか女中を妻にした画家だが、このモデルが、その人物かも知れぬ。

全々、いま話している問題と関係ないことが、宮本の頭をよぎった。

「是川銀蔵という人物の相場観は、たしかなものです。普通の人の三手ほど先を読んで手を打つわけですから、ちょっと真似できません」

久我は、宮本の濃い眉を凝視していた。

宮本の目は忙しく動き、久我の顔とルノワールの女性像の間を行ったり来たりした。

「五十二年の日本セメントのときは、景気刺激策の発動近しと判断したのです。だから不況カルテルの最中であるのにもかかわらず、猛然と買い上がって大戦果をあげました。いまやっている住友山の場合は、菱刈金山が埋蔵する金鉱石の量についての目利きが当たったわけです」

「最初は、会社側も信じていなかったというね」

「そうなんです。たかが山師のたわごとと問題にしなかったのは事実です」

久我は、それは分かっているという顔をした。

「そこで」

宮本は、久我の方に身を乗り出すようにしていった。

「いま、使って欲しいというカネが十億円ほどですが、わたしのところへ来ます」

「ブラック・マネーか」

「そういうことになると思います」

久我は、窓の外に見える軍艦のような証券取引所のビルに、目を転じた。

「この話、面白くなりそうだな」

自分の胸に、久我は訊ねてみた。

「面白そうだ」

胸の奥で、もう一人の久我恵太郎が返事した。

「ガセネタは、駄目だよ」

久我は、宮本につづけていった。

「怪我はしたくないからね」

宮本は、こっくり頷き言った。

「十億円です」

4

「株式市場で、ひと相場をつくるには最低百億円のカネが必要だと、わしは思っとるけど――」

久我は、宮本の十億円では小さいのではないかと疑問を呈した。

「何も新しい銘柄を取り上げて、相場をつくろうと考えているわけではないのです」

「住友山の相場に提灯をつけようというわけだね」

久我は、肉のだぶついた顎《あご》を指の先でつまんだ。

「ところで宮本くん。あんたにつながっている人は誰かを教えてくれんか」

「権藤商事です」

「権藤商事、知らんな」

久我は、ギョロリと大きな目を動かしたが、実際、知らなかった。

「キタハマの権藤商事です」

「ああ、大阪の権藤商事か。確か金融業だったと思うが」

「そうです。その権藤商事の権藤太郎からの話を持って来たわけです」

「権藤太郎を知ってるのか」

「昵懇《じっこん》の仲です」

「知らなかったな」

「大阪支社へ勤めていた当時、出入りしていたんで、親しい仲です。ときどき電話を入れます」

「権藤商事といわれたときは分からなかったが、権藤太郎という名前は、何回か新聞雑誌で読んだことがある」

「そうでしょう。最近は有名になりましたからね。それでも権藤太郎の本来は、キタハマで陰の法王と呼ばれ正面には顔を出しません」

「どんな人かね」

「生まれは和歌山県の海南で、もともとは家具屋の職人だったそうです」

「――」

「戦後、大阪へ出て来て日本橋で金融業をやっていた人にすすめられ、自分もカネ貸しを始めたといいます」

「いくつなの」

「明治四十四年生まれの亥年だから、いまは七十一歳、矍鑠《かくしゃく》としたものです」

「是銀さんより十二歳若いな」

「手形のトンビをやりながら、カネ貸しをやり、そのうえ松屋町筋の商店主相手に匿名組合をつくったんですが、それが当たったらしい」

「相当、きついことをやったんだろう」

「そうだと思いますが、いちばん印象に残っているのは税金闘争です」

「どのようなことを」

「税務署から所得の申告を急がして来ても、払う気がないから申告せん。そうこうするうちに当然ながら督促状が舞い込んで来ます。ところが権藤太郎にいわせると、これほど矛盾した話はないことになるんです」

宮本は、目の前にたれさがって来た髪の毛を、クシ代わりの指でかきあげながら、言葉をつづけた。

「税金の延滞利息は日歩二銭、長期にわたっても四銭だが、商売にまわすと日歩二十銭の利息を稼ぐから滞納して当たりまえという理屈になります」

「そんなものかね」

「権藤商事の金庫には、一銭のカネも入っていない。もし、のさばっているカネがあれば、それは遊び呆ける野良息子と一緒になる」

「税務署は黙っていないだろう」

「そうです。金融業者を拘束する出資法違反に問われることになりましたね。もう商売はできんわけです。松屋町筋の商人は、借金はもちろん利息までも税務署へ払うから、権藤太郎には一銭も入らない」

久我は、胸ポケットからハンカチを取り出し、顔から首のまわりをぬぐった。

「そこで何をしたかというと、権藤太郎は中の島の大ビルに幽霊会社の第一商店をつくった。そして不渡り手形買いますという三行広告を、新聞に出した」

「不渡り手形買いますかー」

「不渡り手形など、もちろん一文の値打ちもないのに、カネのかかる新聞広告まで出したから、権藤太郎は気が狂ったと噂されたそうです」

「そらそうだろう」

「二足三文で集めた沢山の手形のなかから、権藤商事の帳簿金額に一致するものを選び出したのです。そして、公証人と顧問弁護士を連れて税務署へ出かけ、手形で納税すると申し入れた」

「しかし、通用せんだろう」

「税務署は税金を手形で納めるなど、いままでにあったためしがなく、前代未聞と拒否しました。手形で我慢せよとは、無茶な話というわけです。そのとき、公証人と弁護士が名刺を出し、いま仰言ったのは税務署の公式見解と考えて宜敷《よろし》いなーと、詰めよった。署長は目を白黒させたそうです」

「権藤太郎という人は、やるね」

「人物ですよ」

「その権藤太郎が、是銀さんに提灯をつけて住友山を買うわけか」

「いや、違うんです」

「違う。どう違うのだ」

「売るんです。権藤太郎は売り方にまわるといってるんです」

「住友山を売るのか‼」

一瞬、久我は絶句した。

放射する精気

1

「是銀さんて、どんなおっさんやろ」

「そやな、キタハマでも素顔を知っている人は、沢山おらんと思うな」

大阪高麗橋筋の三越デパート。その三越デパートの八階食堂で、千成証券の大場次郎営業部長と、課長の朝倉新一が、昼食のカレーライスを食べていた。

「部長は知ってまんのか」

「いや、わしも知らんのや。ムカシの場立ち仲間が、黒木証券の歩合いをやってるんで、その男から聞かされてはおるけど、是銀さんの注文を、受けとる関係で、何かと詳しい」

「さよか」

「紹介のない人には、逢わんそうや」

「何で逢いまへんねん」

「相場師いうもんは、表へ出たら負けやいうて、やたらに正体をハッキリさせんものや」

「そんなもんでっか」

「よう覚えとき」

営業でコンビを組むだけに、気が合うのか、息づかいはピッタリだ。

話ぶりは、上方漫才顔負けのところもある以心伝心だ。

「こまかいそうだっせ」

「どういうことや」

「ケチと聞いてますねん」

「――」

「何百億円の資産を持っているのに、昼めしはソバ食べる」

「何百億円か、それは知らんが、そんなことよりも考えてみい。金持ちやから、ソバ食べたらアカンという法律はないやろ」

「そらまあ、何食べるのも自由やけど」

「自分のカネで何食べようと、どうこういわれることない」

　そんなことが分からんか、と大場は言いたげだ。

「腹こわしたらビフテキ食えんわな」

「そらそうやけど、みんなそないいうてまんか」

　ちょっと真顔になった大場が言う。

「そこが、お前のアカンとこや」

　朝倉は、首をすくめる真似をした。

「みんながいうからって、尻馬に乗ることはない。だいたい何時も何時も吉兆や灘萬の料理を食べるわけにはいかん。どんなに旨いもんでも毎日食べたら飽き飽きしてヘド出る」

　朝倉は、きついことをいうと大場を見返したが、勝てそうにないと思ったか、黙って聞いていた。

「お前かてそやろが、昨日は中華食べたから、今日は網彦のウナギにしよか、と思うんや」

　網彦は寛永年間に創業した川魚料理屋で、三代目が天満からキタハマに移って来た。

そのときは元禄時代だから、三百年もキタハマ相手の商売をしていた。

　昼食どきの食堂は満員だ。

「そやけど八十三にもなって、よう相場はりますな。是銀さんは不死身だっか」

「達者らしい」

「そんな年で、ようやると思うわ」

「相場に年は関係ない。むしろ年とってるからやるのと違うか。京都寺町の丸近証券の大林会長も、大丸前の西村証券の会長も年や」

「ご老体でっか」

「大林さんは八十五歳、西村さんは八十歳の年寄り」

　しかし、ご両人ともに現役だ。どこにも老いを感じさせぬどころか、毎日セールスして注文を取っている。若い者、顔負けの活躍ぶりだ。

2

「大林さんも、西村さんも相場やらんと頭が呆け、もうろくするいうてはる」

「そうでっか」

　しばらく黙った大場は、何かを思い出す風だった。

「一つの相場が終わる。そうしたらその相場は、キレイさっぱり忘れてしまう。頭をクリーニングする。そして、新しい銘柄に取りかかるんや」

「——」

「格言にもある。〝休むも相場〟いうやつ、あれや。そしたらまっさらの知識が増え、大脳の皺《しわ》が増加する。相場は老人の健康法やと、いつも西村はんはいうてるそや」

もの知りの大場は、キタハマの事情通らしい。

年は四十七、八の熟年層だが、ベテラン中のベテランらしい。胸が厚く体格はよいが、色は白い方だった。そして、おちくぼんだ眼窩《がんか》の奥にある眸《ひとみ》には、やさしい光があった。

朝倉課長は四十を過ぎたところで、大場の腰巾着だ。

「是銀さんも一緒でっか」

「是銀さんの場合は、スケールが大きい。住友山でも全力投球やろ」

「ごっつい儲けでんな」

「その代わり、税金も大きい」

ベテラン部長は爪楊枝を使いながら、また、もの知りを披露した。

「税金が大きいよって大阪府の岸知事が、富田林から現住所移すのを反対するらしい。わたしの眼が黒いうちは、ということは知事をしている間は、大阪にいて欲しいといいはる」

「そんなもんでっか」

富田林市は海抜千百十二メートルの金剛・葛城山脈を仰ぎ見る田園都市。田園都市といっても最近は、ご多聞にもれずの住宅造成で、人口が急増している大阪南部の衛星都市だ。

大場のコップに朝倉は、備えつけの水差しから冷水をサービスした。

「何しろ是川福祉基金という財団法人を設立して、養護施設から私立高校や大学へ入学する子どもに、奨学資金を出しはる」

「あれは税金逃がれとか」

「世のなか嫉妬はつきもん、交通遺児に毎年三億円を十年間出したら合計で三十億円」

「大きいでんな」

「悪口いうなら、百分の一でも寄付してみいといいたい」

朝倉も、今度は素直に同意した。

「コーヒー行こか」

「そうしまひょう」

食事を済ました二人は立ちあがった。

椅子をうしろへずらすとき、力を入れ過ぎたのと、背後のテーブルにいた人も、同時に立ちあがったので椅子が軽く当たった。

「済んません」

ベテランの営業マンらしく、大場は腰をかがめてあやまった。ぶつかった椅子の相手は、目の小さい老人だ。連れの女性と、ソバを食べ終わって立ち上がったところだった。

「いやこちらこそ」

鸚鵡《おうむ》がえしに、老人は会釈を返すと、連れをうながし出口へ歩いて行った。

ドッシドッシ、足音が聞こえるような歩き方だ。小柄な老人ながら、その躯からは強い精気が感じられた。その背中を見ながら大場は、何かを思い出そうとした。

思い出そうとしているそれが何か、ハッキリせぬものの、何故か忘れてはならぬ顔に思えた。

売りの名人

1

「キタハマで陰の法王といわれている権藤太郎を知っているかね」

専務室に入ると、久我の声が飛んで来た。

「まあ、腰掛けてくれ」

久我は一人、ソファに掛けて考えに沈んでいたらしい。

尾崎が、久我の正面に腰掛けると右手のタバコを灰皿に押しつけながらいった。

「宮本が持って来た話は、是川銀蔵ではなかったよ」

「そうですか」

「是川銀蔵と思ったのは、わしの思いすごしで、同じキタハマの相場師でも権藤太郎とは意外だった」

「宮本と権藤太郎は、それほど近いのですか」

「一昨日、鹿児島から帰って来る途中、キタハマで逢って来たらしい」

俺の言葉が、どうやら鹿児島行きを決行させたようだ、と思ったが尾崎は黙して語らなかった。

「君は権藤太郎のことは知ってるか。キタハマでは陰の法王と噂される人物らしい」

「権藤商事は金融業ですね。それに有名な売り方です。なんでも売りから出発するのが権藤太郎だと聞いてます」

「そうか、権藤太郎は売り方か」

「売り叩くことにかけては名人だといいますね」

「叩き屋か?」

「そういうことになります」

久我は、宮本が住友金鉱を売りたいといって来た土曜日のことを思い出した。

宮本は、自分が鹿児島で撮って来た菱刈金山の写真を久我に見せながら、その有望性を強調した。

ところが、その言葉の余韻が消えぬ瞬時ののちに、住友金鉱の売り方にまわりたいといい出したのだ。

宮本は、久我の目から自分の目を動かさずにいった。

「売りにくいときに売るのが、カラ売りのコツだというのが権藤太郎の相場哲学なんです。みんなが有頂天になって買うことしか考えていないときが、売り場だというのです」

〝人の行く裏に道あり、花の山〟という格言がある。

たくさんの人が集まっている方向へ、あとからついていっても利益は得られまい。

大きな儲けを狙うなら、自分自身の信念で動くしかない。

他人が気づかぬ場所を探せ、というわけだ。

「十億円の軍資金を出します。買い方と違って、売り方は資金量の何倍かの実力を発揮できます」

「なぜ、キタハマの店を使わんのかね」

「キタハマの店を使うと、キタハマの相場師としては足が付きやすい。誰が売り方かを秘めておかないと、必らず敗北するのが仕手戦です」

久我は、コクンと幼児のようにうなづいてみせた。

「こちらの資金量を相手に読まれると、それ以上の資金でむかって来られた場合、間違いなく負けます」

だから比較的、住友金鉱については音なしの構えをつづけて来た日本橋証券を選んだというのだ。

「名誉なことだ」

口に出さず、久我は苦笑した。

2

「権藤太郎の信用度は、どうだろう」

久我の不審について、尾崎は明確に答えた。

「その点は、心配ないと思います。権藤商事はキタハマの三十五階建てとかの高層ビルに入ってますが、信用度は抜群だといいますね」

「じゃあ、注文を受けても大丈夫だな」

「ただ、権藤太郎は一度使った証券会社を、つぎの仕手戦には絶対使わんと聞いてますが。ほとぼりがさめるまでは、使わんそうですよ。権藤太郎の玉が、その店から出るといわれることを避けます。陰の法王と称される所以でしょう」

久我は、ハンカチで顔をふいた。

ハンカチにしみこませてあるのか、甘ったるい香料のかおりが、室内にただよった。

「君は、これから権藤太郎についての情報を集めてくれんか」

「分かりました」

尾崎は、無表情で答えた。それが自分の仕事と、心得ているからだ。

「宮本圭一も、どこまで信用できる男か疑問だが、なんだったら君がキタハマへ出かけて一度、権藤太郎に逢って来て欲しいと思ってるんだ」

「いつでも出かけます」

「そのときは頼むよ。宮本にいわせると、十億円の資金を用意しているというんだが、十億円は第一戦の資金で、長びけば第二段、第三段の資金の手当ても考えており、迷惑をかけることはないと断言して帰ったんだ」

「専務、十億円という金額が総ての持ち駒とは思えません。その数倍の資金は、すでに手当て済みと思いますね」

久我は、いままで柔和だった目をキラリと光らせた。

「君は、どの程度の金額と思う?」

「先ず五倍の五十億、ときによれば権藤太郎のことですから百億円は用意していると思います」

「そんなにあるかね」

「何しろ、キタハマの法王です」

「キタハマの陰の法王か」

久我は、噛んで吐き出すようにいった。

「とにかく、日本橋証券にとっては願ってもない客だ。十億円のカネを右から左に動かし、事情によれば、その五倍も十倍ものカネを投入してくれるとなれば、わしが大阪へ出かけても好い話だ」

「そうです。わたしなどより専務が出かけるべきだと思いますね」

「べきだと思います、か？」

尾崎の言葉を、久我は真似て口をつぐんでしまった。

個人投資家が株式市場から離散して行く昨今、日本橋証券ならずとも、ノドから手が出るほど嬉しい話だ。しかも、宮本をクッションに権藤太郎の方から、とび込んで来た話だ。

これほどの朗報があるか。

それなのに、澱みのようなものが、胸の底に沈んでいるのは、何故だろうかと、久我は思うのだ。

一筋縄では行かぬ相手という噂を知るからであろうか。

それとも、住友金鉱を売るという権藤太郎の気迫に、おじけたのであろうか。

陰の法王と称される人物といっても、たかがキタハマ人間のこと。

どれほど怖れる必要があろう、と思うのだが、相場の世界には西筋という言葉がある。

いままでも表面に顔を出さぬものの、権藤太郎の手が介入したと思える銘柄がいくつかある。

誠備グループの銘柄も、天井を打ったと思うと、権藤の売り叩きが横行したという。

「大きな芝居になりそうだ」

久我は、自分の脳裏に油ぎった声を聞いた。

「やるか、やらぬか——！」

3

「部長、お電話です」

交換手が、大場への電話を伝えた。

後場が終わって、一息ついたところだ。

「大場です」

「日本橋証券の尾崎ですが」

「まいど――」

キタハマ人間特有の言葉が、大場の口をついて出た。

「大場さん。いま新大阪に着いたとこなんです」

「大阪へ来てますんか」

「これから御社へ寄せてもらいたいと思いまして」

「お待ちしてます。今橋筋で千成証券と訊ねてもろうたら直ぐ分かります」

「じゃあ、伺います」

昨日、大場は尾崎からの電話を受けていた。

「権藤太郎という人は、どのような人物ですか」

「権藤太郎のこと」

「そう、権藤太郎――」

「カネ貸しですよ」

「相当、手びろくやっている金融業者で」

「資金量は二百億とか、三百億といいますが、正直なことは誰一人知りまへん」

大場は、尾崎の電話に応えた。

東証の会員権を持たぬ千成証券は、カブト町への発注を、日本橋証券につないでいた。

両証券は、つなぎ店の関係にあるのだ。

「キタハマでは陰の法王とかいわれる相場師だと聞いているんですが」

「そういう噂は確かにあります」

電話の感度は、よかった。

尾崎の声は、隣の部屋から電話をかけてるように、よく聞こえた。

「売り方ですか」

「そう、何でも売ります」

「例えば——」

「誠備銘柄も強引に売ってましたよ」

「誠備銘柄を」

「誠備銘柄に限らんのです」

「——」

「高くなると、何でも売り向かうのが権藤太郎と考えて間違いありません」

「どんな人物ですか」

まさか、と尾崎は思っているらしい。

「この人は和歌山の海南生まれになっていますが、実際は、香港生まれの日本人と聞いてますよ」

「ほう、香港生まれですか」

「そのように聞きました」

「日本人ではないのですか」

「いや、日本人ですよ。海外からの引揚者という意味だと思います。戦後の二十四、五年当時のことですが、税金を払わぬものだから貸金の担保にとっといた服地を差し押さえられたことがあったね。それを解かれるのに五年かかった。ところが五年も経つと服地に変化が生じたんです。権藤は、そのとき税務署に損害賠償を請求したといいますから」

「豪傑ですな」

と、尾崎はいった。

「税務署も困ったらしい」

「そう、そうでしょう」

「そんな男ですよ」

「大場さんは親しいんですか」

「とくに親しいことはないけど、何かご存じになりたいことでも」

「いいや、どういう人物か知りたい人がおりまして」

大場は、電話の会話を思い出した。

「何かあるな——」

わざわざ東京から、それも昨日の今日来るとはくさいと思った。

4

「酒は、やはり関西ですな」

かつをの叩きを目の前にして、尾崎は舌づつみを打った。

宗右衛門町の割烹料理屋である。

「食べものは大阪です」

大場は、自分がほめられたように鼻が高かった。

「食い倒れの大阪というぐらいに大阪人は、口が肥えてます。御堂筋の屋台のうどんでも東京人が食べると、ここは有名店ですかといいますから」

「関西は、うす味なんだ」

「東京のうどんは丼の底が見えない。まるで醤油そのままの出し汁を使っている感じがしますな」

「大阪のは、底がすけて見える」

「そうなんです」

大場は、ゆっくりうなづいた。

「人間も大阪人と、東京人は違いますか」

「大阪人は儲かってまっか、と挨拶するといいますが、あれは嘘です。儲からん仕事はやりません。忙がしおますか、が本当の挨拶なんです」

「忙がしおますか、ですか」

尾崎は、大場の口真似をした。

「権藤太郎も忙がしい人ですか」

いよいよ本題に触れてきた、と大場は思った。

「忙がしいと思います。毎晩、取りまきのセールスマンと飲むといいますからね」

「奢らせるんですか」

「グループがあるんです」

「親衛隊みたいなものですな」

尾崎は、大場の顔色をうかがうようにして、次の質問をした。

「大場さんは、東朝新聞の宮本を知ってますか――」

「キタハマへ来た当時、訪ねて見えたね」

「じゃあ、よく知ってる」

「いろいろ世話したが、東京へ帰るときは挨拶もなかった」

「そんな男ですか」

大場は、顔をすこし仰向けるようにして逆に訊ねた。

「尾崎さんは、よく知ってるの」

「ええ、知ってます。相場が動くと、コメントを取りに来ますよ」

「耳の大きい男でしたな。ちょっと美男子で」

「宮本は、権藤太郎のところへ出入りしてましたか」

「それはどうかな――」

大場も、そこまでは知らなかった。

しかし、宮本ごときを権藤太郎が相手にするだろうか。

「何なら尾崎さん。権藤氏に直接ぶつかったらどうです」

「それほどのこともないんです」

「案内しますよ」

「時期がくれば、ぶつかることもあると思うんですが」

「時期とは何時です」

「わたしは直接、知らんのです」

尾崎は、大場に答えず盃を口に運んだ。

相場師やない

1

「何をいうか。わたしは相場師やない」

小さな声だが、語尾のハッキリした口調で是川銀蔵はいった。

世の中は〝キタハマの相場師〟と勝手に綽名《あだな》して、わたしの名前が、わたしの知らぬところを独り歩きする。

自己顕示欲の強い人間なら喜ぶかもしれぬ。

その有名度の恍惚感に、酔うかも知れぬ。

フランスの象徴派詩人ボードレールは、恍惚感の裏側に、不安の感情を発見している。

実際、銀蔵は自分を相場師と思ったことは、一度もなかった。

キタハマの相場師と各新聞や、雑誌の活字を見ても、アカの他人の話と見過してきた。

相場の世界は、勝つか、負けるか二つに一つ。

食うか、食われるかの相対的世界だ。

株価は、世のなかで起きるありとあらゆる出来事を反映して、動きまわる。

株式相場は生きている。

すでに表面化した材料を反映することは、もちろんだし、近い将来に起きるかも知れぬ出来事も予測して、いちはやく先取りし、目まぐるしく変化するのが株価だ。

株価を上昇させる魅力的な材料か、逆に株価を下げる原因になるような悪材料かを、的確に判断すれば好い。

材料の影響度は、そのときの株価の水準による。

相場のパターンによっても異なるが、一般に好材料のある銘柄が材料株と持てはやされ、株式市場の人気を集めることが多い。

その人気に便乗して提灯をつける人々が、大部分の投資家だ。

「わたしは、自分自身で魅力ある材料を探そうとする。その点だけが多くの人と違うだけ」

と、銀蔵は思っていた。

宗教なら他力本願、易行道を主旨とする浄土宗や、真宗の世界は、必然的に忌避される。

そして難行道、自力本願を旨とした禅宗こそ、厳しい相場道の精進、鍛練に合致するであろう。

しかし、経済的な世界に生きる不羈の精神と、俗世間でいうところの相場師とは無縁である。

「何をいうとる」

もう一度、こんどは声にならぬ小さな声でいった銀蔵は、高麗橋筋のビルとビルの間隙を被う空を仰ぎ見た。

キタハマの冬空は、オフィス街特有の暗く重い灰色の空で、手を伸ばせばすぐ触れることができそうな低さに見える。

三越デパートの、ついそばに建つ赭いレンガづくりのオフィス・マンション。

その三階に、財団法人・是川福祉基金の事務所があった。

二階の北側の、奥まった位置にある一室に銀蔵は毎月末、定期的にやって来た。

福祉基金の用途について、大阪府から説明に来たりするのだ。

そして夜は、中の島にあるロイヤルホテルに泊まることになっており、ルームナンバーも二十五階の一〇号室と決まっていた。

「ソバを食べることまで、とやかくいわれるのは、かなわんこっちゃ」

「本当ですね」

エレベーターで二人は短かく話したが、そのようなことを別に取りたてて、とやかくいうほどのことでないことは、もちろんだった。

世間には、他人のことを噂して喜ぶ人は多い。

笑いとばし、一笑にふしてしまえばよいことだ。

好物のソバを食べることで、他人からとやかくいわれることはない。

好きだから食べる。ただそれだけだ。

2

銀蔵は、本態性高血圧で、心配するほどでなくても、血圧が多少高かった。

そのため塩分の摂取量を、意識的に抑えていた。

ソバの場合は、〇・二パーセントと塩分が極度にすくない。

「何を食べようと、わたしの勝手だ。第一、他人の食べものに難癖を付けるなんて失敬な話さ」

まったく油断も、スキもならん話だ。

銀蔵は、苦笑を禁じられぬ思いだった。

「贅沢は、どんな金持ちであろうが、貧乏人と同じように敵だということが分かってない」

世のなかの仕組みが、どうなっているのか知らぬが、貧乏人ほど、ええ格好しいで贅沢する。

これは日本人の悪癖と銀蔵は思う。

ふところの財布に一万円札が一枚しか入っていない男が、天麩羅うどんで虚勢を張る。

逆に百万円持っておれば、素うどんでも恥ずかしいと思わぬ。

要するに、こころの持ちかたで貧乏たらしい天麩羅うどんもあるし、豪奢な素うどんもあるとの道理が、なりたつのだ。

青二才でカネの値打ちがわからぬ人間ほど、到底、自分一人では食べきれぬ多量の料理を注文して残す。

銀蔵は舌打ちした。

「罰当たりなことよ」

銀蔵は、知っているのだ。

そういう連中ほど、欲が深く、箸にも棒にもかからぬ人間であることを、よく知っている。

だいたい株価を動かす要因、つまり材料は二種類ある。

更に厳密に区分するなら、普通一般にいわれる材料と情報であろう。

これらは、ともに株価を動かす要因になるが、性格と内容は異なる場合が多い。

それだけに、違いを自分でハッキリ理解せぬ限り、怪し気な情報に振りまわされることになる。

ところで、この材料を情報と混同して考える人物が、証券マンにも多く驚かされることがある。

株式評論家を気どる人間にも、同じ株価変動要因を、Aでは材料と解説したのに、Bでは情報として伝える人物が多い。

銀蔵にいわせれば、材料と情報は明確に異なる。

材料は、すでに表面化しており、内容が周知の事実となっているものだ。

しかし、これはこれで二つに分けられる。

市況全般に影響をおよぼすのが、一般的な材料で、国内国外の政治・経済の変化などだ。

例として挙げれば、国際通貨不安や、公定歩合の操作などである。

いま一つとしては、個々の銘柄に影響をおよぼす個別材料だ。

発行会社の増資、減配、増配、合併などが、それに当たる。

また、これらの材料は影響をおよぼす期間に、時間的なズレ、長短がある。

まず大勢の材料の場合は、一年以上もの長期間にわたって影響をもたらすもので、内外の政治・経済の変化や、景気の動向などが、それだ。

つぎに中勢的な材料の場合は、三か月間から半年にわたって影響をおよぼす株価の変動要因で、発行会社の業績動向や金融動向などが、これに当る。

最後に残るのが、目先的な相場で、いうなれば一か月もつづかぬ相場の場合だが、目先の材料に振りまわされて仕手筋の動きとか、信用取引の取り組み動向などが、株価の変動要因になる場合だ。

これらの材料は、突然発表されて株価を著しく刺激し、激変させることもまれにはあるものの、大半は事前に表面化しており、内容が周知の事実となっている。

ところが、株式情報は違う。

株価を変動させる要因であることは間違いないが、まだ投資家に知られておらず、内容も不確かだ。

水面下の情報とか、シークレット情報と称されるたぐいである。

いずれは表面化し、周知の事実となった場合は、あらためて相場材料に転化するが、いわばスタート以前であり、ダッシュをかける前の段階だ。

内容は未消化で、不確かである。

そのゆえか、つねに誇張して伝達され、ときには出所不明の怪情報や、根も葉もないデマが、如何にも正確な情報らしい体裁をととのえて株式市場を駆けまわることも、珍らしくない。

しかし、底の浅い人間ほど虎視眈々と材料を探してまわる。

早耳こそ勝利につながるとの考えに徹しているから、東に面白い話があると聞けば、真先に駈けつけ、西に耳よりな情報があると知れば、いち早く出かけることになるわけだ。

3

自分が素っ高値を掴むなどと、誰もが思っていない。

いつでも他人より早く情報を把握したいと身構えている。

そのような人物は、総てといってよいほど自分はベテランと思っており、情報通と自負していることが多い。

銀蔵は、カネほど恐いものはないと思っている。

カネは、人間の性格を、見事に変えてしまう魔術師だ。

何かの間違いで、いままで見たこともなければ、手にしたこともないような大金を入手した小心者は、大金持ちになったと錯覚すると、馬鹿げたことをやる。

海外旅行、住宅、と、欲しいものを求め出すと、カネは羽が生えたように消えてしまう。

誰にも分かる道理だが、このケースに落ちる人は案外多い。

銀蔵にいわせれば、慢心の小金持ちであり、騙されやすい小金持ちになる。

人間、カネのない平素から、この手の失敗をやらぬように、平常心をつくりあげておかねばならぬ。

人間は元来、易きに流れるものだ。

流される自分に、問題があると銀蔵は語る。

株式相場でも同じこと。

ホンモノか、ニセモノか判然とせぬ情報を追いかけることは、乞食相場だと断言する。

大きな波を考えず、目先の波動のみを追う投資家は、わずかな利益を狙う小すくい故、わたしはやらんというわけだ。

「相場は生きている」

銀蔵は、株式相場については、自分ほど真剣に考えた者はいない、と自負を持っている。

「ムキになって相場にむかってはならない。異常なほど損を嫌う人、直ぐ立腹する人、潔白を売りものにする人、誰かれなく信ずる人、それらの誰もが、失敗につながる人ですな」

銀蔵ほど、相場の性格とともに、相場を張る人物の器量を重視する人はいない。

〝相場は人がつくる〟は、銀蔵の哲学である。

時代が発見する

1

夫婦で食事を済ましオフィスにもどると、待っていたように、電話のベルが鳴った。

忙がし気な声で、

「宮本ですがー」

と、飛び出した。

「ハイ」

銀蔵は、かたい声で返事した。

「未だロイヤルホテルかと思ってお電話を入れたのですが、お出かけということでした」

「そうです」

そっけない銀蔵に、東朝新聞の宮本は、たじたじとしたようだが、そこは新聞記者らしく直ぐ立ちなおった。

「いつも事務所には午後一時過ぎに、お入りになると思っていましたので」

「何か」

そんなことは、どうでも好い、銀蔵は話をうながした。

「ハイ。三日後に発売される週刊ニッポンの記事に関してですが、金属鉱業事業団の調査役によれば、是川さんは四百メートルにおよぶ大金脈が地下に眠ると語っているらしいが……」

ゴクッと、宮本はツバをのみ込んだ。

「しかし、金鉱脈は最大クラスで、三十メートルぐらいしかないと書いてあります」

「そうですか」

微動もせぬ返事だった。

「すこしでも早くお耳に入れておかねばと思って、電話したのですが」

「ありがとう」

それほど、ありがたくもなさそうな返事だ。

「事業団の人が、どのような人か分かりませんが、その人物は山を掘ったことありませんな。ズブの素人でしょう」

「と申しますと、どうなりますか」

銀蔵の返事に、狼狽したようである。

「金鉱脈の最大限が、三十メートルは当たっていない。佐渡の場合も、二百メートルはあった」

「そうですか」

「菱刈金山は、地質学的に説明すると、四国の四万十川層群に当たり水成岩地帯だ」

岩石が水で運ばれたり、水中に堆積して生成したものを水成岩と呼び、地表水に沈殿して生じたものを、水成鉱床という。

しかし、今日まで、わが国で開発された金山は石英鉱脈で、今回は異なった地質から発見された。

「事業団の人に誤解が生じたかも知れん」

「そういうことですか。わたしら知識がありませんので」

「水成岩地質は当然やわらかい。ボーリングも楽になる。そこで日本中の金山が、採算に乗らないと採掘をやめていたのを、再び地質を調べ、ボーリングする可能性が出て来た」

「水成岩地帯をボーリングすると、新たに金鉱脈を発見できるかも知れんわけですか」

「そういうことだ」

「そうですか」

現に金属鉱業事業団は北薩・串木野地域のつぎに、南薩地域にある千歳、佐渡、伊豆とボーリング計画を考えているのは事実だ。

いままでは、水成岩地質を探ることも怠慢していたのである。

2

「それからですね」

宮本は、銀蔵の話が一段落したと思うと、新しい話題に駒をすすめた。

「菱刈町の現場にも、週刊ニッポンは取材に出かけてですね、作業員が緘口令で話したがらないのを、粘って取材しているんです」

「それで」

銀蔵の目は、オフィスの壁をかざった富岡鉄斎の『武陵桃源図』に描かれる村里の風景を楽しんでいた。

「何もいわないのを、無理に訊き出したらしいですが、作業員は説明することがないというんです」

「そうかね」

「別にピカピカ光る黄金小判が出るのでないから、自分たちには分からんというわけです。採掘した鉱石を学者が、研究室へ持ち帰って分析でもすればともかく、自分たちは掘るだけで、見当つかんといいます」

「現場の人には分からんかも知れんね。確かに、ピカピカ光る金の延べ棒が、ドサッと出るんじゃないから」

宮本がぶつける疑問を、銀蔵は一つ一つ説明した。

銀蔵は、宮本を説得する自信があった。

銀蔵は第二次世界大戦にそなえ昭和十三年七月、朝鮮へ渡り、鉱山開発を意図したことがある。金山株で利益を得たこともあるし、翌十四年の秋には、三和鉱山で鉄鉱石開発に着手したこともあった。

そのときのキャリアが、いまものになり、他人が真似できぬ実力で、人々を瞠目させるのだ。

「町役場の助役までが、ムカシからこの辺りは金が出る場所として有名だけど、ゴールドラッシュが起きるとは思えないと、否定しているんです。そして、事情は是川さんが、よく知っているはずだと、名前を出したそうです」

銀蔵が、嘘をいっているというわけだ。

「君は、どう思う」

「どうでしょう。判断に苦しみますよ」

あとずさりしそうな宮本に、銀蔵はいった。

「人間の生涯には、いろんなことがある」

「そうですね」

銀蔵は声音を落とした。

「宮本くん。鉱山開発には、時代が発見するという言葉が、ムカシからある」

「時代が発見する？」

不可解なことを聞く、と宮本の返事が訊ねていた。

「そう、時代が発見する」

銀蔵の声音には、満ち足りた響きがあった。

「どういう意味です」

「いくら掘っても駄目なことは駄目。懸命に掘りつづけても、発見できぬときは、カラ振りに終わる。しかし、時代が変わって掘ると、諦めていた場所で掘り当てることがある。何十年か前に断念したところを掘ってみると、出て来たというのだ。そこに山師という言葉が持つ、投機的な性格が表現されている」

確かに山の立木売買とか、鉱山の採掘事情は、投機的な性格を有している。

時代が発見するという言葉を、宮本は初めて耳にした。

人々が自分を信じてくれなくとも、痛痒《つうよう》を感じないし、異例であろうが、何であろうが、良いものは良いとの確信が銀蔵にはある。

株式相場における深読みは、相手と白刃を抜き合っての決闘で、こちらが斬られることもあると思っている。

からだが熱くなることも、風船に穴をあけたように、からだの空気が抜けてしぼむこともあった。

他人は、自分の都合で平然と嘘をつくが、そんなことで小さな苦渋を覚えることもなかったし、住友金鉱の株を買うのは、菱刈金山を有望視しただけのことである。

獅子奮迅と猪突猛進で、ライオンと猪役を一日おきにやらねばならぬほどの覚悟がなければ、何千万株も買えるはずがなかろうと思う人がいるかも知れぬが、そう思われることさえ、銀蔵にはうとましい。

3

菱刈金山は調査をし、裏付けも取っている。

結果が優良と出たので、食指を動かした。

「この記事は、売り方によって書かされたと思えます」

「売り方というと」

「華僑グループです。小豆の輸入商社の三星実業と、中華料理店のグループです」

「しかし、あの人たちは否定しているんだろう」

「それは表面だけで、実際には売っていることは間違いないと思います」

「思うだけでは駄目だ。第一、確証のないことは口にせぬ方が賢明だ」

「間違いはないと思います」

宮本は、執拗だった。

銀蔵には宮本の本意が、どこにあるのか分からぬ。

落ちついて見せているものの、宮本の声は甲高く、顔を見なくとも昂奮と緊張と疲労に参っていると思えた。

　銀蔵は、宮本の濃い眉と、大きな耳を思い出しながらいった。

「君のいうとおり売っているとすれば、その人たちは頭が痛いはずだ。住友金山の株価は、思いがけぬ高値になると何回もいって来たが、売った人は、相場の難しさに参いるだろう」

「お耳に入れておこうと思いまして、三日後店頭にならぶ週刊ニッポンですから」

「三日後売り出す週刊紙の内容を、すでに君は知っているんですか」

「特殊なルートがあります」

「そうですか。わざわざありがとう。ところで相場は売り方と、買い方がいて発展するもの。誠備グループが買い占めた宮地鉄工のように、買いたくても買えない、売りものが消えてしまう相場は、人気離散で潰れます」

「そうですね」

「それに自殺者が出るような殺人相場は、相手のみでなく、自分も駄目にしてしまう」

「その点は、分かります」

　宮本の用件は終わった。

「それではそういうことで」

「ありがとう」

　銀蔵はソファに深く腰掛けた。

　桃源境は晋の太元中《たいげんちゅう》、武陵の漁師が山奥に発見した秦遺民の秘境である。

桃花満開の谷間をさかのぼり、水源の洞窟を脱けると、古代純朴の村里が、忽然と現われた美しさは、心を豊かにした。

住友金鉱株を買い始めたのは、昨年の九月上旬。

当時は、未だ二百三十円台から五十円台を往復していた。

世間が、同和鉱業を五千万株買い集め九百円まで持って行った銀蔵を、資金的に行きづまり敗北を喫したと噂している最中だ。

確かに同和鉱業の相場は、荒れ狂った。

ひがみ、そねみ、ねたみが満ちた。

銀蔵を潰すべく敵視する業界紙の記事が、陥穽《かんせい》をつくろうとしたのも事実である。

そして、アクシデントが発生した。

米国のハント・ファミリーが、銀の思惑で破綻を来たし、ニューヨーク株式が暴落したのだ。

非鉄金属の需給関係が厳しくなり、供給不足から国際価格は急騰するとの結論を出していた銀蔵は間違っていなかったが、ハント兄弟の破綻は計算外だった。

張りつめていた何かが脱け、心に風穴があいた。

そして枯草が踏みしだかれ、陽にさらされる野の光景が、銀蔵の胸に浮かんだ。

しかし、住友金鉱は同和鉱業とは、出発が違っている、と銀蔵は自分に言い聞かせていた。

相場師猖介

1

大場は、週刊誌を見ながら大きく呼吸した。

昨日、帰宅する電車で、この週刊誌を読んでいた。

大場は朝倉に週刊誌を突き出し、

「この写真を見ろ」

と言った。

「これでっか」

朝倉は怪訝な顔で受けとった。

「よく見ろ。三越の老人は是銀さんや」

「本当や。そっくりですな」

朝倉は、写真を見つめたままだ。

〝ナゾの相場師・是川銀蔵が語る〟とあった。

「是川銀蔵ですな」

朝倉は、自分の声を確かめるように、驚きの声を、いま一度あげた。

「どこかで見たと思ったが、その週刊誌を読んだ記憶が残っていたらしい。さっきから懸命に思い出してたら、やはり間違いなかった」

「そうですか、わしは初めてやから全々気がつきませんでしたが、あの人がそうですか」

「二人で是川銀蔵は――、てなことというとったけど、ご本人にまる聞こえや」

「そうでっしゃろ」

「変な気持ちやろな――」

　朝倉は、タバコの煙を天井に吹き上げながらいった。

「くすぐったいでっせ。どこの誰やら分からんのが、自分のことを話してる。こら気持悪い」

「そやろ」

「世間でいいまんな。他人の口に戸たてられん。あれです」

「そや」

　偶然の悪戯に、二人は驚いた。

　それにしても世間は狭い。

　まるで仏陀の掌を走りまわる孫悟空だ。

　大場は、じんわり首筋に汗かく思いである。

「しばらくでんな」

　千成証券の、もと社員で大場の部下だった吉川明が、無精者特有のズボンのポケットに手を突込んだポーズで、のっそり入って来た。

「儲かってまっか」

「アカン。面白い銘柄あったら教えてんか」

　大場は、吉川の顔をちょっと見たが、直ぐ視線を週刊誌に返した。

「あきまへんか。こんなええ相場に、何してますねん」

吉川は、浴びせる口調で大場に話かけた。

「そういうお前は、どうや」

「ビッグニュースがおまっせ」

吉川は、声を低音に落した。

「どんなニュースでっか。ガセネタ掴むませるん違うやろな」

朝倉は、吉川に年齢が近く、親近感を持っていた。

といっても、大場が以前、迷惑をかけられているので、表面をつくろったに過ぎない。

「人聞きの悪いこと、いわんで欲しい」

「まあ、腰掛けや」

立っているのも何やからと、大場が声をかけ、朝倉の横を指差した。

2

「住友山やけど」

吉川は大場に、顔を接近させた。

低く身構えて、唸り声をあげる犬のような緊張がみなぎっている。

「大袈裟な男だ」

と、思ったものの、大場は口に出さなかった。

吉川は、如何にもスクープと思わせようとした。

しかし、大場には、田舎者の台詞に思える。

「住友山が、どないした」

「明日発売される週刊ニッポンの記事やけど」

「どんな記事が」

「菱刈町の助役が、ゴールドラッシュは無理と話している」

「あかんか――」

大場に代わって朝倉が返事し、吉川をせかした。

「金は出えへん」

大場が、朝倉につづけて問いかけると、老成した表情でうなずいた吉川が、言った。

「いくらかは出るやろ。そやけど是銀がいう千三百グラムはケタ落ちらしい」

「それなら売ったら取れるか」

「記事が投資家の目に触れたら下がるやろ」

そうなったら、同和鉱業の二の舞いになると、朝倉は思った。

ひょっとすると、これは本当にひょっとするかも知れぬと思ったのである。

「世界一の金山は無理と思ったけど、やっぱりアカンか」

吐き捨てるような口調で語る朝倉を、押さえていた大場が、吉川に語りかけた。

「明日出る記事を、何で知ってる」

「そうや、それがおかしい」

朝倉も、率直に疑問をぶつけた。

「何で知ってますねん」

「そら部長や、朝倉には分からんルートが、わしにはある」

「やり手やからな」

朝倉は、大場に顔をむけ、

「わし、ドテンして売りにまわろと思うけど、部長どうでっしゃろ」

「やめとき」

大場は、即座にはねつけた。

しかし、吉川は違った。

「ためしに、ちょっと売ったらええと思うな」

火に油をそそぐようなことを、朝倉にいった。

大場は腕組みして、黙り込んだ。

吉川は、キタハマのワルと大場は思っていた。

こんな男のネタに、まともなものはあるはずがないと思っているのだ。

朝倉のような者知らずの人間は、吉川がわざと声を落して語る台詞に騙されるが、それがむこうのつけ目だ。

イエスもノーもいわずに、意味を持たせ、目だけで笑うのも常套手段である。

千成証券の営業当時の吉川は、確かにセールスマンとしては、トップだった。

第一先発で出世街道を走った男だ。

全社的にも注目された。

営業担当の役員にも嘱望され、部長の大場はダウン気味であった。

朝倉は、営業課に席があるだけという存在に過ぎなかった。

それがナニワ製鋼が大相場を出したとき、大手顧客との間に、トラブルが生じた。

3

任され玉の手仕舞いで、意見の相違が生じた。

売り買いをセールスマンに一任した玉のことゆえ、二人以外には真相は分からぬが、結局、一千万円が未収となり、顧客は潰れ、吉川は退職することになった。

そして、いま吉川は投資家相手のレポート屋をやっている。

いつも濃いサングラスを掛けるのは、泥酔して喧嘩となり、目を痛めつけられたためだ。

ところが、相手が何者か分からぬ。

何しろ酔えば、見さかいなしに狼籍ぶる癖がある。

典型的な酒乱だ。

「こんな男の話を、信用できるか」

と思いながらも、この話は明日、週刊ニッポンを買えばハッキリすると思った。

「吉川さんは、是銀さんと親しいんでっか」

「よう知ってる」

朝倉の問に、吉川は軽く応えた。

「その週刊誌にのってるやろ」

吉川は、大場が朝倉に渡した週刊誌を指さした。

「そうですんや。いま部長と話してましてんけど、立派な相場師といいますな」

「どうかな」

朝倉は、手にしている週刊誌を見ながら思った。

そういえば、週刊ニッポンは出版社系だ。

「週刊誌は新聞社が出すのと、出版社が出しているのがあるけど、どう違うんやろ」

朝倉が、吉川に訊ねると、

「出版社系は、持ち込み原稿が多い」

応えながら吉川は、二百円ライターでタバコに火をつけた。

「それなら週刊ニッポンの住友山は、吉川さんが書いたんと違うか」

「そやから明日出る記事の内容を知ってる」

大場も、朝倉に加勢した。

吉川は、タバコを持った手を強く振りながら、

「めちゃいわんとき、わしはしがないレポート屋、しかも地盤沈下のキタハマ人間やから相手にしてくれん」

といったが、まんざらでない顔だ。

「この頃の吉川さんは、新聞や雑誌にいろんなこと書いてると聞いてまっせ」

朝倉は、あふりをかけた。

「そんなことあらへん」

「そうでっか」

朝倉は、吉川の顔を下からうかがい見るようなポーズをとった。

その朝倉の顔は、ぷわっと頬をふくらませている。

幼児の顔そっくりで、嘲笑気味だ。

「情報はタダと違う。ネタにはカネがかかってる」

「アザトイこというな。コーヒーは奢っとく」

大場が言った。

そんなことは当然と、吉川はニンマリ笑った。

4

「是銀も加藤も、どちらも同じや」

「そやけど是銀さんから見ると、加藤なんて青二才と違いまっか」

「そんなことない。一時の誠備グループは、飛ぶ鳥落とす勢いやった」

「そういうけど酉の市で、祝儀に二十万円渡すのをテレビで見たとき、この男アカン。二十万いうたら一カ月の生活費や。それをポンとやるのは驕れる平家と思ったけど」

「あの時分の加藤なら、何でもない金額や」

「そうかな」

「二十万ぐらい何でもないで」

「そやろか。その点、是銀さんの昼めしはソバやから」

さっき、三越でソバをけなした朝倉が変心した。

「ドテンしたか」

一人つぶやいた大場は、朝倉の言葉に苦笑した。

世間は、是川銀蔵をドンキホーテと称するが、当たっていると大場は思った。

是銀さんのこころの奥には、誰も俺を理解してくれぬという空虚な気持ちがあるだろう。

「おんなの人を連れてはったけど、あの人は――」

「奥さんや」

「さよか、上品な人でした」

「どこへ行くのにも、奥さんがついてる」

「是銀さんのオフィスへ行きましたか」

「行ったことない」

「よう知ってますんやろ」

朝倉は、不満気な声を出した。

「パーティで一緒になる」

タバコの灰を、吉川は灰皿に叩きつけながらいった。

朝倉の顔からは、目をそらしての返事だ。

大場には分かった。

「こいつ嘘いうとる」

不審が、胸をかすめたのである。

何故なら、是銀さんはパーティ嫌いのはずだ。

派手な場は好かぬ、と聞いているのだ。

大場は、吉川の言葉を胸のうちで否定した。

それにしても、吉川明という人間は、まるで歳末を絵にしたようなおとこだ。

あたふたして落ちつきがなく、どこまでが本当で、どこからが出まかせか見当がつかぬ。

是川銀蔵といえば、相場に関係しているなら知らぬ人なしの相場巧者。

その名人上手の器量は、苦労なくして育たぬはずだ。

そして狷介《けんかい》で、世の人を煩わしいと考える面が強い。

パーティなどに行くはずがなかろう。

5

狷介と称すると、偏屈で他人に同調せぬ人物がイメージされる。

間違いだ。狷介の狷は、意志を曲げぬことで、介は強固な精神を表現している。

澎湃《ほうはい》と現われる自称相場師の類いと同一に扱ってはならぬと、大場は真底から思っている。

相場が最も必要とするのは、決断と度胸だが、両方を備えることは難しい。

どんなに考えても、人間の知恵とか、才能なんて知れたものだ。

「オイッ、後場が寄るぞ」

大場は、朝倉と吉川の喋べくりに水を差した。

「お先に失敬しまっせ」

朝倉は、吉川に声をかけた。

そして伝票を掴んで、レジに歩いて行く大場につづいた。

「本当でっしゃろか」

朝倉が、大場に問いかけた。

「何が――」

「何がて、吉川の話ですが」

目の前に吉川がいないと、朝倉は呼び捨てにした。

「あいつのことや、どこまでが本当か分からん」

「そうでっしゃろ」

「パーティで是銀さんに逢ういうとったけど、是銀さんはパーティ嫌いや。それにパーティで逢ったいうても、あんなとこは挨拶程度しかやらん。それも遠くから見ただけかも知れん」

「吉川のことや。それでもよう知ってることになるわけか」

「そんなとこや」

「週刊誌の話は、どうやろ」

朝倉は、話題を変えた。

「明日出る週刊誌や。嘘やったら直ぐばれる」

「嘘はいえん」

「そこの理屈は、あいつにも分かってるから、まるっきり嘘とは思えんな」

「利食い千人力で、そのうえドテンしよかと思うけど」

朝倉は、さきほどと同じことをいった。

買い方から売り方に転じて、ドテン売り越しに変身しようか、というのである。

相場の変動は、誰にも予測がつかぬ。それほど激しいものだ。すこしでも利が乗れば、いち早く利食った方が賢明との考えを表現したのが、相場格言の〝利食い千人力〟だ。

「吉川のことやから半信半疑で恐いけど」

「やめとき」

大場の返事は、変わりなかった。それどころか、こんどは語気を強めた。

「アカン。レポート屋の吉川を信用するか、是川銀蔵を信用するかや。お前のメガネ狂ってるのと違うか‼」

妖怪闊歩

1

ブザーが鳴って、黒木証券の山瀬一夫が飛び込んで来た。

「週刊ニッポンに住友山の記事が出てます」

いつもと異なり、今日の山瀬は声高で荒っぽい。

手にしているのは、今朝売り出された週刊ニッポンである。

「百二十ページに載ってます」

銀蔵は、宮本の電話については、誰にも話していなかった。

「ゴールドラッシュは到底無理や、と菱刈町の助役が説明してます。金属事業団の調査役が、出ることは出ても是川さんの話とは、まるっきり違うというてますねん」

「そうか」

銀蔵は、顔色一つ変えなかった。

変わるはずが、なかったのである。

それなら宮本の話どおりだから、驚くことはない。

銀蔵の目は、『桃源図』の静かな谷間を水源にさかのぼる小舟をとらえていた。

装飾品を置かぬオフィスで、『桃源図』に接すると、白湯を飲んだように心があたたかくなった。

書画骨董に趣味のない銀蔵が、なぜか鉄斎の『桃源図』だけには、心を魅せられるのだ。

同じ鉄斎でも、『桃源図』以外には、とんと関心がないのも不思議だ。

「わたしは、いままで菱刈に、どれだけの埋蔵量があるとか、品質がどうとかを話したことはない」

「そうですな」

「カブト町やキタハマは、マスコミが書く勝手な記事に酔わされている。ソビエトを別にした世界の産金量九百六十二トンを上まわる金があり、南アフリカにつぐ世界第二位の産金国になるか、どうかは、これからの問題だ」

「わたしも、そうだと思います」

屈託のない噂話でもしているような口調で、銀蔵はつづけた。

「しかし、金は出るよ」

表現は穏やかだが、銀蔵の言葉は語尾が強かった。

「それも素晴らしい金が出る」

山瀬の昂ぶった気持も、静まった。

「カブト町では、レポート屋が菱刈の写真を証券会社に配って、相場をあおっているようです」

「そのような人が出るから困る。実体以上の誤解を生んでしまうのはイカン。いつの場合も、かるはずみな手合いが出て来るが、中身以上の人気をあおるのは、ソロバン勘定がからんでいること間違いなしだ」

「この記事は、悪意が見え見えです。まるで嘘をいっているといわんばかりで、是川銀蔵を金メッキした相場師というんです」

銀蔵は『桃源図』から目を山瀬に移しながら、すこし固い顔になった。

「人間の心理は、なかなか一つにまとまらぬものだ。法をもってしても、他人の心をしばることは困難と決まっている」

2

実際、銀蔵は人間の心ほど当てにできぬものはないと思っている。人間の心理ほど不安定で、あやふやなものはないと思っているし、それは生活信条といえるほどであった。

「故意に流す噂話。そのようなものを問題にするのがおかしい」

相場には如何なるときも、嫉妬から来る中傷と批判がついてまわる。

「ほっておけばええ」

と、銀蔵は思っていた。

十八歳で満州に渡り、青島の野戦酒保を経営した。

兵隊にレターペーパーとか、封筒を売ったり、タバコやアルコール類を売ったりして稼いだ一千円を資本に、つくったのが小山洋行。

小山洋行で日本から雑貨を仕入れて中国人に売り、中国人からは和ダンスに用いる支那桐を買って日本に運んだ。

中国では墓地に桐を植える習《ならわし》があり、不吉の木とされた。

だから桐の木は、あんがい安い値で仕入れることができたから日本へ売ると、儲けは大きかった。

しかし、当初の独占が日本人のサル真似商法で競合になったときは、ねたまれた。

ねたまれ、そしられ、うらまれたのは、この時だけではない。

厘銭を買い集め、鋳潰《いつぶ》して真鍮《しんちゅう》のインゴットにつくり変えたときも、あとから進出した日本の金属商に嫉妬された。

厘銭を鋳潰すという常人なら考えもおよばぬような奇想天外な発想をする銀蔵の知恵は、非常な男と思わせるのかも知れぬ。

人間の生涯は、誤解に生きて、誤解に死ぬものかも知れぬ。

まさに誤解人間と称せるかも知れぬ、と銀蔵は思っている。

奢侈《しゃし》を自粛すると、人々は吝嗇《りんしょく》というが、ゲスの勘繰りであろう。

当時に比べると、住友金鉱の相場で手を変え、品を変えて来るものの、株の世界の中傷など、右往左往するほどではない。

「山瀬さん、安心しなさい。住友山の株価は、中傷ではゆるがない。売り込みが入れば入るほど、株価はバネが付いて跳ねること間違いない」

売り株数が増加することは、その時点では確かに株価を下げる要因になる。

しかし、信用取引のカラ売りは、六カ月以内に必らず買いもどさねばならぬ決まりだから、逆に上げ要因になるのだ。

売り玉を、相場が上がったために損を覚悟で買いもどすことを、相場の世界では踏むと表現する。

そして、踏みによって値上がりすることを、踏み上げ相場という。

銀蔵は、住友金鉱の株価が上昇し、売り方は泪を飲んで踏まなければならぬというのだ。

現に週刊ニッポンが書店にならべられた一月二十二日の株価は、下げなかった。

東証では二千六十九万株の出来高を記録し、大引け値は三円高の六百七十三円を付けた。

それどころか、一時は六百九十四円の高値を付けたほどの活気に富んだ。

前日の二十一日は、一千六百二十三万株の出来高だから、四百万株も増加しており、週刊ニッポンの影響は皆無どころか、逆作用したことになる。

しかも、三日のちの週明け二十五日に、七百五円にとびはねた。

もし、売り方の意志が働いて、あの記事が書かれたとすれば、完全な逆目に出たわけだ。

3

〝策士策に倒る〟で、策を弄して策に溺れたことになる。

しかし、銀蔵は売り方が書かしたとは思いたくなかった。

「そのようなことで、相場がどうなるものでもあるまい」

銀蔵は、相場はそれほど孤独で、気ままで一人歩きをするものだと思っているのだ。

相場は自由自在に動きまわり、奔放な行動を取る妖怪と一緒だ。

だから是川銀蔵流に表現すれば、いま株式市場を住友金鉱という妖怪が、のっしのっし歩きまわり、傍若無人に闊歩していることになる。

実際、相場は、これでもかこれでもかと、勝手気ままに動くもので、上り坂もあれば下り坂もある。

相場は生きているというのが、銀蔵の哲学だ。

「そいだら是川さん。どうということおまへんな」

「心配はいらん。ほっといたらよろしい」

銀蔵は、世の青年が衣食を楽しみ、遊興の味を覚え、異性への欲望に燃えるときも、快楽に背をむけて試練の日々を経験した。

ものごとに動じない己れの強さに驚くとともに、自信と野心で胸をふくらませた小山洋行の時代を思い出した。

外人、投信、法人買いの相場づくりでは、個人投資家の動きなど、どれほどの器量も発揮し得ない。執行猶予という不謹慎で危険な言葉が、脳裏に浮かぶ。

不安定な状態といえるのでないが、どこか落ちつきがなく、だからといって苛立つわけでもない。是川銀蔵といっても、その他大勢に過ぎないし、個人投資家の一人である。

だからこそ、絶対に勝たねばならぬ。

江戸初期の詩人で書家の石川丈山《いしかわじょうざん》は、青竹を握り潰す力持ち。

丈山は、将来を期待された。

個人としては抜群の力量を持っており、大坂夏の陣には一番槍の働きで賞されるが、後日は逆に軍令を乱すと考えられたのである。

個人プレーを罪悪視する時代となり、家康の怒りを買った丈山は浪人となって、京の一乗寺村に隠棲し、自適の生活を送った。

丈山の出番がなくなった時代は、集団プレーに変化し、一番槍はマイナスと決まった。

暴虎馮河《ぼうこひょうが》の勇は、無視されたのである。

日本セメント、同和鉱業、そして住友金鉱の相場づくりで、箔をつけた銀蔵だが、これらは非公認記録だ。

草相撲の横綱で、大相撲の日下開山《ひのしたかいざん》ではない。

外人を席捲し、投信、法人が動く何歩か先を歩まぬ限り、アウトサイダーに過ぎぬことを、痛感していた。

牢固な壁に守られた体制に納まる大証券会社に挑戦するときは、資金に余裕があっても、一人の個人投資家以上の何者でもない。

「だから自分のことを、相場師などと称してはいかんのだ」

だが、銀蔵の意図を理解するには、カブト町も、キタハマも保守的に過ぎる。

その保守的も、要するに現体制に対しての保守的で、一種のギルド社会が構成したシンジゲートの壁の厚さに過ぎない。

4

「山ちゃん」

浮世小路から八百屋町筋の角を曲った大場が、急ぎ足の山瀬に声をかけた。

「こんちわ」

「儲かってまっか」

「あきまへん」

「住友山、七百五円の新値つけましたやろ。未だ上でっか」

「是銀さんは上のものや、いうてはる」

「週刊ニッポンに変な記事出たよって売られるかと思ったのに、逆に上へ行ったな」

「売り込みが入ったら、相場のスケールが大きくなるやろ」

「そうでんな」

山瀬は首に巻きつけた駱駝《らくだ》のマフラーを巻き直しながら、大場に言った。

「三井金属とか三菱金属をいらわんと、ズバリ住友山のみを買ってるのが、いちばん儲かるのと違うか」

「それが、うちの朝倉が週刊ニッポンに悪い記事が出ると吉川にいわれ、ドテン売り方にまわりよった」

「レポート屋の吉川か」

「そや、吉川は是銀さんと親しいんかな」

「知らん。レポート屋とは付き合いないと思うけど」

「わしも、そう思うねん」

大場は吉川ごときを、銀蔵が相手にするはずはあるまいと、前々から思っていた。

「吉川は、是銀さんは全部逃げたと電話を入れて来よるけど、あれもおかしい」

「売ってへん。売るかいな」

「そうでっしゃろ」

わが意を得たりと、大場は、ほくそ笑んだ。

「大阪府の交通遺児に大学へ入学する奨学資金として、毎年三億円を十年間出す話が進行中で、是川財団の資金源になっているのが住友山の株券一千万株と違うか」

「その話、わしも聞いている。三億円を十年間いうたら三十億円や」

「子どものためにも、株が上がることは大歓迎というこっちゃで」

「本当にそうなるわ」

「目先のバクチと違う」

是川銀蔵には、相場師によくあるカリスマ的な要素がない。

誠備の加藤暠《かとうあきら》が、ボディ・ガードを連れて歩くのとは、本質から異なる。

山瀬との立話で、またも大場は確信した。

「この前、三越で奥さんと食事してはった」

「そうか」

「いつも奥さんが、ついてはるらしいね」

「是銀さんも年やからな。道路のまんなかを自動車が来ても堂々と歩きはる。危ないよって奥さんがついてはるんや」

「そうかいな」

「子どもたちの寮をつくる話で、何かと忙しいわ」

「どこへ建てるんや」

「羽曳野《はびきの》へ建てはる。是銀さんが二億円出し、大阪府が三億円出す」

「しかし、偉い相場師や」

「いや、相場師と違う。是銀さんは相場師といわれることを、厭がるわ」

「さよか。相場師と違うか」

「違うな」

「是銀さんは、質素で頑張り屋と思うな」

だから、相場の話が出ても、いつもそよ風のように閑かな話しぶりで、要するに中国流の大人だという。

「是銀さんは、相場一本と思っている人が多いけど違うな」

「そうかいな」

大場は山瀬のつぎの言葉を待った。

「いろんな事業をやって来た実業家で、相場師やない」

「――」

「相場は虚業で、実業とは思っていない。相場の世界は、寄り道と思っている」

「欲呆けの相場師やない」

つぎつぎ話しかける大場に、山瀬は気兼ねそうにいった。

「そのうちに一杯やろか。ちょっと急ぐよって」

そして、高麗橋筋の車の波を避け、小走りで去って行った。

「やっぱりそや」

大場は、一人で強く頷いた。

「相場は虚業で、実業と違う」

山瀬が、相場師やないといった言葉を咀《そ》しゃくした。

是川銀蔵に衝動買いとか、売りはない。
いままでもなかったし、今後もあるまい。
科学的な分析が先ずあって、それをベースに発想が生まれる。
投機的な面は皆無で、あくまで理屈が一致した点だ。
思想のある相場観といえばよいのか。
だから住友金鉱の相場観にも、狂いが生じないわけだ。

不退転の精神

1

大正十二年の九月一日午前十一時五十八分。

関東地方に大地震が発生した。

世にいう関東大震災である。

一府八県の死者は九万人。

そして負傷者の数は十万人余も出た。

破壊焼失戸数は六十八万戸、全焼出一万四千戸におよび、東京府のみで死者五万八千人、焼失戸数三十万を数えた大震災である。

当時は、未だ東京府は東京都になっていなかったのだ。

この地震の惨状が、当日の正午過ぎに横浜から、銀蔵のもとに入電があった。

大阪伸鉄亜鉛メッキに、第一報が入ったのである。

大阪府警に入電があったのは、二日の午前一時だから、銀蔵の情報収集のアンテナは素晴しいことが分かる。

大阪伸鉄亜鉛メッキは、銀蔵が大正八年に大陸から帰国し、鉄のブローカーを営んだ結果、つくりあげた会社だ。

銀蔵にヒラメキが走った。

「千載一遇のチャンスは、いまだ」

千年に一度しか出会えぬ稀れな機会とは、このことと思った。

そこで何をしたか。

銀蔵は、全社員を集めて言った。

「みんな、よく聞いてくれ」

銀蔵の目は、炯々《けいけい》と輝いていた。

「いま、ここに小切手がある。この小切手を、みんながそれぞれ持って、直ぐに大阪市内のトタン屋を一軒残さずまわって欲しい」

息もつかずに一気に話す銀蔵の言葉を、集った全員が、一言も聞きもらすまいと緊張した。

銀蔵の気迫にのまれたのだ。

「その店が在庫しているトタンを一枚残さず買って欲しい。いいか、この小切手は手付け金だ。分かったら直ぐに出発や‼」

尻から追いたてられた全員が、手分けし、市内のトタン屋というトタン屋をまわった。

そして、見事に買い占めてしまった。

「みんな買うてくれまんのか。そら助かりますわ。在庫が増えて困ってましてん」

手付けの小切手を手にすると、喜んだ。

倉庫のトタン板を全部売った連中が大震災の発生を知ったのは、翌日だった。

江戸の大火の折に、木曽の木材を買い占め、数年で巨万の財をきずいた知恵者の紀伊国屋文左衛門に似ている。

復旧を急ぐ人々にとってトタン板は、ノドから手が出るほどの必需品。

何と仕入れ価格の十倍で、羽が生えて飛ぶように売れ、巨額の利益を手に入れた。

一見、紀伊国屋文左衛門に似た俊敏の動きだが、月とスッポンである。

銀蔵がトタン板を買い占めたのは、確かに関東大震災のパニックに、チャンスを発見したからだが、文左衛門のように吉原で豪遊することはなかった。

大きな利益を得たと快哉を叫び、凱歌を奏する気持にはなれない。

それほど銀蔵は、世の動きを冷静に見ていた。

手付け金に持たせた小切手だが、正直なところ、銀蔵が震災発生を耳にしたときの銀行の当座預金はカラッポだった。

普通の人物なら、好機到来と思っても諦めるところだが、銀蔵は違った。

「今日は土曜日だ」

と銀蔵は思った。

大阪商人の才覚を働かした。

担保価値十二万のトタン板を、ワンサと買い占めておけば、銀行を月曜日に説得するなど朝めし前と考えたのだ。

「今日は土曜日、明日は日曜日だ」

銀行は明日休みだ、と思ったのである。

2

豊臣秀吉は藤吉郎時代に、長い柄の槍を取って、突くのみでないといった。

長さを利用し、敵の足をなぎれば好いといった。

槍は、突くものと考えたのは江戸時代。

それまでは突こうが、叩こうが、勝てばよかった。

先手必勝、相場と一緒だが、銀蔵の脳裏には何時も、それがあった。

長い槍の器用さがあった。

その銀蔵さえ乗りきれなかったのが、昭和二年の大不況だ。

破産したのである。

銀蔵は、故里にひいた。

そして兵庫県の竜野で輸出用の貝ボタンを、細々と製造するが、性質に合わなかったか、この仕事は兄に譲って京都の嵐山に蟄居した。

そして、中の島の大阪府立図書館に三年間通って、資本主義を研究したのだ。

自宅から阪急電車の駅へ出る途中に、神社があった。

神楽殿では、楽師たちが太鼓を叩いていた。

ふと銀蔵は、楽師のバチさばきに目をとめたが、やがて食い入るように眺め出した。

楽師は左右二本のバチを、ともに交互に、ときには同時に叩いて見せる。

如何にも自在で、変化に富んでいた。

しかし、その音色にはすこしの高低差もなく、一律の音波となって、宙に鳴り響いた。

銀蔵の内側に、閃めくものがあった。

「これだ！」

思わず叫んだ。

押すだけでは駄目、ときには引くことも必要と悟った。

資本主義が最も必要とするのは、何か。

それは自在の精神と、結論したのである。

当時の銀蔵は、大徳寺の臨済僧沢庵が著した『不動智神妙録』を愛読した。

沢庵は、心を一カ所に固定してはならない、と教える。

一カ所に固定すると、必ず他にスキができると沢庵は教えるのだ。

まったく集中せずに、つまり無為にして、しかも全身に対応できる体勢を持つこと。

これが不動智であり、生きることの極意だと沢庵は説く。

昔、剣の道の達人は、老けると総てが山に去った。

ようとして行方知れずの身になったが、あれは老齢で闘うと負けることを知った達人の自衛手段だ。

醜態をさらさぬため、人に逢わずにすむ山中に庵を結んだのである。

「しかし、そうであってはならんのだ」

銀蔵は、自分にいい聞かせた。

ぼちぼち自分は、山を降りねばならぬと思ったのである。

沢庵は三十七歳で、勅旨をもって大徳寺の百五十四世の住持に任ぜられたが、わずか三日で住持の座を捨てた。

沢庵は、退山の偈《げ》に書いている。

〝白鴎は終に紅塵に走らず〟

銀蔵は逆に紅塵に戻ったが、このとき彼も三十七歳であった。

3

つねづね銀蔵は、考えていた。

相場に成功するには、確固たる信条を持たねばならぬと考えていた。

成功は万人の期するところだが、生まれた人間は捨てておいても、育つとは限らぬ。

そこで銀蔵なりに考えた五つの信条がある。

第一に〝志をたてる〟ことであり、第二には〝勤勉に励む〟、第三に〝忍耐する〟、そして、第四は〝勇気を持ち〟、最後に〝正道を歩む〟だ。

志を立てぬ限り、天下のことは何ひとつできぬ。

まるで、舵のない船同様になってしまう。

「資本主義は自在に動くが、野放図でない」

この考えは誰にもできる。

問題は、これからと銀蔵は説く。

「そこには一種の法則があり、法則によって秩序が保たれる。株式相場も同じこと。下がったものは、必らず上がる。その法則を掴めば強い」

銀蔵の周囲には、何時も銀蔵の動きを注目している人が、何人かいた。

本人が理解されぬと思うことでも、何人かの人は理解した。

しかし、それを口にする人は稀れだ。

その稀れな人が二人から五人、五人から十人と増えた。

そして何時か何十人もの人々が、銀蔵に投資相談をするようになる。

堂島の裁判所横を西に入った大江ビルに、是川経済研究所を開設したのは、このようなときだ。

当初は、十人だった所員が次第に増え、四十八人になった。

是川銀蔵は、初志を貫徹する人だ。

銀蔵は、幼少時よく兄と相撲を取って、見事に投げられた。

投げられて蛙のように両手足を伸ばし、地べたに這うと、まるで蛙が叩きつけられたようであり、銀蔵の声がこれまた蛙そっくりと見物する者が笑う。

なかには腹を抱え、笑いころがる者さえいた。

銀蔵も同じように笑い、悪びれたところがない。

笑いのなかで銀蔵は、しばらく地面に伏したが、起きあがると兄弟たちに、ボケッーとした顔をむける。

アッケラカンの表情だ。

からだの土ぼこりを払い、ませた仕草でケラケラ笑って、兄弟たちの顔を見まわす。

兄が二人に姉が四人いた。

銀蔵は、オトンボの末っ子で七人兄姉だ。

「そんなに弱くては、明日の大会は負けるぞ」

こんどは、下の兄が胸を貸した。

よしっ来たと、がむしゃらに銀蔵は突込んだが、また「ゲッ」だ。

明日の夕方、子どもの相撲大会がある。

遊びごとのすくない時代のこと、皆が楽しみにしているのだ。

その大会に出場すべく、兄たちとの練習に励むのだが、仰向けにひっくり返り、手足をバタつかせる銀蔵に、勝ち目はない。

翌日、いよいよ大会が始まった。

ところが、あれほど転んでいた銀蔵の勝ちっぷりが凄い。

三人、四人と相手を倒す。

そして、去年優勝した兄との兄弟相撲になった。

昨日の相撲を見て知っている姉たちは、初めから勝負は決まったも同然と、あきらめている。

だが、銀蔵に手のうちを読まれている兄は、土俵のうえに投げ出された。

番狂わせである。

姉たちは、自分の目を疑ぐった。

銀蔵の知恵が、勝ったのだ。

子どもの時分から銀蔵は、機を見るに敏で、先を読むに明だった。

是川銀蔵は、自分から運を取りに行くタイプに育ったのである。

果報は寝てても、むこうから来てくれるものではない。

チャンスと思えば、自分で運を取りに行かねばならぬと、銀蔵は考える。

4

明治四十五年に小学校を卒業した銀蔵は、直ぐ神戸の貿易会社へ給仕として入った。

荷物運びから帳面つけまでやり、支配人の佐々井一晁に可愛がってもらった。

佐々井一晁は、のちに右翼代議士となり、妻は主婦連代表の奥むめお参議院議員だ。

日本の手芸品を輸出し、英国から毛織物を輸入する会社だが、倒産した。

大正三年十月。

親亀こけると子亀こけるで、銀蔵は失業の身となった。

数えで十八歳だが、銀蔵は運を探すため、とめる両親を振りきって、旧満州いまの中国東北部に渡る。

退職金は二十円あった。

しかし、大連までの船賃が十二円。

桟橋に上がった銀蔵の財布に、五円二十七銭残っていた。

当時、大学卒の初任給が十五円。

ミルクホールで、牛乳一杯とトースト二枚に茹でタマゴをつけてもらうと、十三銭取られた。

うどん一杯三銭の時代だ。

まあ節約すれば一カ月食える。

その五円二十七銭を元手に、数奇な人生がスタートした。

「カネが欲しかった。何としても、カネを残さねばならぬと思った」

銀蔵が『桃源図』を見ながら、山瀬に真情を吐露したことがある。

「大金持ちになろうと思った。魚の行商をやっていた親父が、家賃を払えない。親父とおふくろが土下座して、もうすこし待ってくれと頼むのを追い立てた家主を覚えている」

「――」

「子ども心にも、世の中はカネがないと、虫ケラ同然と思った」

「そうでしょうな」

「何としてもカネを儲け、威張る家主を見返したいと思ったよ」

実質本位に、生きねばならぬ。

ケバケバしい形容詞の多い人生は、自分に関係ないとの決断から銀蔵は出発した。

そして、小さな資金を巨万の富に変える錬金術は、運用しかないと思った。

如何に巧みに運用するかに、かかっていると思ったのだ。

もちろん運用には、周到な用意を必要とし、それ以外にも計算、判断力、ときには不退転の決意、勇気といったものが要求される。

方法そのものは、それぞれの人物が、それなりに会得せねばならぬ。

曲折に満ちた人生を歩めば歩むほど、凡庸でない技とともに、高い精神がうかがえるようになることは間違いない。

山瀬が是川銀蔵に初めて逢ったのは、終戦直後の昭和二十一年だ。

今橋筋の広瀬証券社長と銀蔵は気が合い、第二次世界大戦にそなえ、二人は協力して朝鮮の鉱山株を買い集めたりした。

銀蔵は株を買うだけでは我慢ならず、昭和十三年の七月には朝鮮半島に渡った。

そして、翌十四年の秋には三和鉱山の開発をやったのだ。

鉱山の開発は成功し、無煙炭による小型溶鉱炉を築き、製鉄を研究した。

鉄鋼の生産に着手したのは、昭和十七年である。

是川製鉄を創業して、江原道北坪に二十トンの溶鉱炉十基をつくり、戦力増強に貢献しようとした。

小磯国昭朝鮮総督にルートを付け、産業設備公団から三千万円の融資を取りつけるのに成功したのである。十基のうち四基が稼働したものの戦争末期には、燃料不足で操業度は五割にダウンして生産量は一万トン。

そして終戦をむかえると、総ての資産が没収され裸になった。

翌年、日本に引き揚げて来た銀蔵は無一文。

だが幸い戦犯を免れた銀蔵は、再びキタハマに顔を出し、広瀬証券の山瀬を知ることになった。

負け犬

1

「信じられん」

宮本は、一体どうなっているのかと、唇を噛んだ。

ゴールドラッシュを期待するのは無理と週刊ニッポンへ書いたのに、株価は下がるどころか、逆に上がってしまったのは何故か。

「発行部数五十五万部は信用できんな」

是銀に、わざと電話をかけたが、あの爺さん平然としていた。

まさか、俺が書いているとは気付かないだろうが。

まるで何を馬鹿なこと言っとるといわんばかりだった。

こうなると、キタハマの吉川も信用できない。

宮本は菱刈町へ取材に出かけたときの記事に手を加え、本紙とは別ものを週刊ニッポンに売った。

前から週刊ニッポンの社外ライターとして、何回か書いている。

そこへ住友金鉱を売り込んだ吉川明が、下げ要因を書いてくれないか、と頼んで来た。

宮本と吉川は同じ高等学校の出身で、宮本は東京の大学に入り、吉川は関西の大学へ入ったが、交際はつづいていたのだ。

「宮ちゃん、西日本の投資家は全国の三三パーセントいる。住友山の買い方にも、売り方にもキタハマの投資家は仰山参加している。いま、レポート屋をやってるが、住友山の売りを当てたら凄い人気が出ると思うので協力してくれんか」

宮本は、重苦しい口調で分かったと答えた。

「どう協力するんだ」

「思ったほど金は出ないと書くんや」

「――」

「週刊ニッポンに書いてると前にいうてたやろ。あそこへ書いてくれ」

吉川の考えでは、住友金鉱の株価は高値ゾーンにある。

ここでマイナス記事が出ると、下がること間違いなしという。

「是川銀蔵には以前、インタビューしたことがあって、それからのちも時々、電話を入れたりしている」

「どんな人や」

「なかなか立派な人物や」

熱海のマンションを訪問したときを、宮本は思い出した。

小さく優しい目の持ち主だった。

「ああ、この目は山崎種二と同じ目だ」

と、思ったものだ。

この種の目の持主は、相場巧者と思ったことを覚えている。

しばらく話していて分かったのは、若い日の夢と栄光への願望がないまぜになり、それをそのまま老人になっても強烈に持ちつづけている人だった。

あのとき銀蔵は、急所を突く相場観を語ったが、終始、自分は相場師でなく、単なる投資家だと強調した。

投資家論は、正鵠《せいこく》を射ていたと思う。

「正論派だ。総ての老人が風化すると決まっていないことを証明している」

吉川に、風化という言葉を使ったのを、宮本はハッキリ思い出した。

物理作用で、岩石などが崩れ去ることを風化というが、この言葉は徳によって教化する場合にも用いられることを、宮本はのちに知った。

是川銀蔵は、むしろ徳で教化する風化的人間と称して良いわけだと思い直したのだ。

宮本が是銀に長距離電話を入れ、週刊ニッポンにマイナス記事が出ると知らせたのは、奔放不羈《ほんぽうふき》な老人に対する敬意であり、礼節だった。

と、いえば格好よいが正直なところは反応を知りたかった。ところが動じなかったのである。

見事に週刊ニッポンの記事は、株価を押える働きをしめさなかった。

何故だろう。

吉川は、下がると言ったが、下がらなかった。吉川のみではない。

キタハマで陰の法王と称される権藤太郎も、下がると考えている。

現に権藤太郎は、売り出動しており、日本橋証券にも発注する姿勢をしめしているのだ。

日本橋証券が千成証券のつなぎ店であることも、意にかいさぬ売り姿勢だ。

西筋としての力を誇示する策か、その辺の計算は　宮本にも解せなかった。

2

他人から大きいといわれ、自分も大きいと思う耳朶を、宮本は動かした。

耳を器用に動かすことが、得意なのだ。

「相場は分からん。考えの反対ばかり行く。この調子だと、住友山の株は千円にも二千円にもなってしまうかも知れん」

だいたい水面下で息吹いているわが国のアングラー・マネーは、国家予算の二年分を超える百二十兆円という。

そのうちの何パーセントかが、この住友金鉱の株価操作に使われていないとはいえぬ。

宮本はダイヤルをまわし、吉川に電話を入れた。

「どうも逆ばかり行きよるな」

「相場そのものは、ますます強くなるようだが、お前はどう考える」

「週刊ニッポンあかんわ。七百五円と新値を取って来た」

「お前の話では暴落するはずだった」

「――」

吉川は、しばらく返事しなかった。

売り込んで困っているらしい。

「うちの会員も売ってるんや」

「どうする」

吉川の声に覇気がなかった。

「仕方ないわ」

「是銀は株価について何もいわんが、やはり三千万株ほど持っているという噂が出ている」

「売り方の華僑グループはどうや」

吉川の聞こえにくい声を耳にしながら宮本は、

「こいつ負けだな」

と思った。

第一、声に張りがない。

「住友山の社長も上げ賛成らしい」

「そうか」

「是川財団の基金が住友山の株券なら、安定株主ができる。発行会社は歓迎するわ」

「そういう理屈か」

「いままでのボーリング三本に、また一本増やし四本で掘るといっている。山へ五十メートルほど近づいたところを掘るそうだ」

「――」

「聞こえてるか」

「聞いてる」

「それならよいが」

「返事するのもしんどいよ」

「四本で掘ると、埋蔵量の推定は時間が早まる」

「――」

本当に吉川は返事するのも臆したらしく、声もせぬ。

「コアをカラー写真で撮ると、金色に光っている」

「コアとは」

「ボーリングして地下から引き上げた土質のサンプルだ。そのコアに金色の石粒がついている」

「それは金でなく黄銅の間違いや。素人には金に見える。料理屋へ持ち込んで金を発見したと騙し、飲み逃げした話がある」

「あれは金と違うのか。しかし、あの写真を見ると、千円の大台乗せは早いと思う」

何といっても、日本列島は黄金フィーバーに踊っている。

ＯＬや主婦が行列をつくって金を買い求めるゴールドラッシュが起こり、まさに黄金元年だ。

日本の公的保有金は、米国に比べると十二分の一しかないから、いま目覚めたわけだ。

「やっぱりアカンか」

吉川の声は、まさに負け犬の声だった。

恬淡の相場師

1

「だいたい世界中の金を集めても、神宮プールの二杯しかない」

「絶対量がすくないいんやな」

「そうや」

大阪証券会館の地下に、川魚料理の専門店網彦がある。

奥座敷で山瀬と大場が、酒を楽しんでいた。

山瀬が金の知識を、教えているのだ。

「日本銀行の金庫に入ってる金は、全部で七百七十トン、四畳半の部屋に積み上げると、天井に届くほどの量になるが、それでおしまい」

「そんなもんか」

「西ドイツ、フランス、スイスに比べると三分の一。貧乏国のイタリアでも二倍は持ってる」

山瀬が説明するように、わが国の所有金はすくない。

だから根強い金ブームが起きている。

昨年の輸入量は、史上最高を記録した。

百六十七・三トンで、金額にすると五千三百七十億九千二百九十一万三千円になる。

何と前年の五倍強に達する量で、輸入が自由化された四十八年の百二十六・七トンを大幅に上まわる史上最高だ。

わが国における金の爆発的ブームは、昨年二度訪れた。

最初は国内相場が一グラム三千円に下落した七月で、輸入量は二十二・三トン。

二度目は二千八百円と、二年ぶりの安値をつけた十一月である。

「去年の暮れにはサラリーマンやＯＬ、主婦が列をつくって買いにまわった。何しろ地金商の在庫がなくなったというから」

「あのときは凄かったと聞いている」

「世界で供給される金の量が、一千百五十四トン。これにはソ連の売却分も含んでいるが、このうちの一四・五パーセントが日本へ来た」

「それほどの魅力があるんやな」

大場はビールを飲みほしながら、山瀬の目を見た。

「そやから住友山の相場も爆発する」

「われわれ株屋は、金の延べ棒を買わんと住友山の株券を買っといたらええ。その方が儲かる」

「そないしとき」

山瀬の言葉には、自信があふれていた。

「この間いったように朝倉は、ドテンして売りにまわった。吉川が週刊ニッポンに悪材料が出るというたんで、七百五円をつける前に売りよった」

「そやけど下げたやろ」

「六百二十六円まで下げた。一割下げたな」

「そこで買い戻したらええ。ツメ伸ばしたんか――」

「六百円割れありと見たんや」

山瀬は、ウナギを口に運びながらいう。

「それにしても是川さんいう人は、偉い人や。いまどき、これだけの銘柄を見つけ出す人は他におらん」

「感心するね」

大場は、日頃その秘密を知りたく思っていた。

「そやけど何も難しいことをしてはるわけやない。下がったものは上がる。それだけや」

2

山瀬が勤めていた広瀬証券は、終戦時の合併の統合で大協証券と名を変えた。

引き揚げて来た是川銀蔵と親しくなった山瀬が、店頭で土地の話をしたことがある。

「沢山の人が海外から帰って来ますやろ、そしたら不足するのは、土地でっせ。土地を手に入れといたら間違いないと思います。何しろ日本は狭いから」

「わしもそない思ってる」

「それも、これからよくなる土地。道路がつくとか、地下鉄が延長されるとかいう土地を物色するのが賢いと思いますわ」

「何処やろ」

「瓜破《うりわり》とか、長居とか、長吉の方と違いますか」

山瀬の言葉に頷いた銀蔵は、行動派らしく直ぐ土地投資を実行した。

昭和二十年の後半から三十年前半にかけ、米の二期作研究に銀蔵は熱中する。研究に必要な土地を入手したことは、一石二鳥の結果となった。

土地ブームの神話が始まり、坪三万円で買った一千坪が、地下鉄の延長工事で十倍の三十万円で売れ、今度は泉北の五千坪を買い求めた。

これまた狙いたがわず、日本一の泉北ニュータウンが造成されることになると、地価はウナギ昇りである。

関東大震災のトタン板を、第一回目の大金を掴んだ時機とすれば、土地投資は二回目の好運であった。

戦後、本格的に株式投資を始めた銀蔵は、六十歳を越える老齢になっていた。

そして、銀蔵の理論によれば、産業にどのような変革があっても、本質的な経済の流れは不変である。多くの知識を得ることより、少なくても好いから、確実で良質のニュースを入手することが、先決になるのだ。

どんなに頑張っても、所詮、人間の知恵などしれたもの。

いくらうぬぼれても判断を誤まることはある。判断を誤まると、この世界は訂正が利かぬ。だから判断を誤まらぬことが、先決である。そのために、万全の手を打つ必要が生ずるのだ。

銀蔵ほどの人物になれば、万巻の書物を繙《ひもと》き、何かと調べものに忙しいと思う人が多かろう。ところが実際の銀蔵は、そうではない。

もちろん何かを調べ出すと、いろいろな資料を取り寄せる。しかし、資料に目をとおすのは、わずか朝の二時間のみ。夜は八時になると、寝床に就くことが多く十時間は寝る。相場のソの字もない。

何もかも忘れて、熟睡するのだ。そして、目をさますのは、六時半頃と決まっている。
判を押したような生活をしているのだ。

「天気のよいときは熱海の海岸へ出たり、標高二百メートルの山頂に新しく完成した宗教団体の美術館へ出かけたりするがね」

十年の歳月と、二百五十億円という巨額な資金を投入した美術館だ。

山肌をくり抜き、マグニチュード八の地震が襲っても微動だもせぬのが、このMOA美術館である。五十メートル下から巨大なエスカレーターを乗りついで、入館することになっており、先ず、その大きさに度肝を抜かれるという演出だ。

収蔵品は入れものに劣らず、第一級品である。

尾形光琳の『紅白梅図屏風』、野々村仁清の『色絵藤花文茶壷』、それに古筆家伝来の名物手鑑『翰墨城』の国宝三点を始めとして、重要文化財五十二点、重要美術品四十五点など、約三千点のコレクションがある東洋美術館だ。

「あの美術館の最初の部屋に、秀吉がつくった黄金の茶室がある。どぎついものだ。朝鮮まで出かけた秀吉の権威主義が目の先にちらつく。ケバケバした成金主義そのものだね」

是川銀蔵、自分をかざらぬ人である。

豊臣秀吉の権威主義と、他人を虫ケラ同然に扱う出世主義は好まなかった。

3

一週間のうち月曜、水曜、金曜の三日間は熱海から上京することに決めていた。カブト町に顔を出すが、動かぬとからだがなまるからと考えているのだ。健康法である。

カブト町の丸山証券が、銀蔵の取り引き証券会社だが、店頭の客溜りでボードがしめす株価を、黙って見るのが楽しみである。

しぜん銀蔵の腰掛ける場所が決まり、誰もが席を譲る習慣ができあがったが、悪びれず好意を受けることもプラスしてか、丸山証券の顧客には、是銀ファンがワンサといた。

「もう、お見えになると思ってました」

声をかけたのは、そのファンでなく、耳の大きい男だった。

「何か――」

ボードを見ながら、銀蔵は宮本に返事した。

長身の宮本は、背をかがめて銀蔵に言った。

「いよいよ住友山の株価に、拍車がかかって来ましたね」

「しぜんな動きです」

「まだ上ですか――」

「どうでしょう」

「菱刈町の現場には、屈強なガードマンが二十人も雇われているそうで、水も漏らさぬ秘密主義といいますが」

宮本は、銀蔵の口もとを見た。

「秘密主義でなく、混乱を招いてはいかんという配慮から出たことでしょう」

「是川さんとこへは毎日、発掘の進行状態が入るのですか」

「いえ、そのようなことは一切入りません」

時々刻々のニュースなど、必要とせぬ。

金が出ることは間違いないし、カブト町やキタハマの人間が、二十グラムならコスト分だから差し引きゼロで利益は出ぬが、もし百グラムなら八十グラムは儲け、株価が千円になっても不思議でないとするような、短絡の結論を、銀蔵は出さぬ。

憶測は楽しいかも知れぬが、それはそれだけのことだ。

「わしは新聞も一種類しか読まない。沢山の新聞、雑誌を読んでも雑音ばかり」

「週刊ニッポンも、そうでしたか」

それには返事せず銀蔵は、つづけた。

「多くの雑音よりも、正確なニュースが一つあれば良い。数字のみを判断して、次の行動を決定するんだ」

「そうですか」

銀蔵は、宮本の大きな切れながの目を、遠くの風景を見るような眼差しで見た。

宮本の目は、底光りする力があって活気に満ちている。

そして近くで見ると、二重瞼《ふたえまぶた》の大きな醒めたような眸が、インテリ風の、そのくせ何処かにニヒルな陰翳《いんえい》を帯びていた。

「この男、根は正直で同情心が強い」

銀蔵は宮本の目から性格を判じ取った。

銀蔵自身は慈仁の相で、他人に憐れみ深いとされる象眼だった。

才気にあふれるものの、ときに自信過剰になることもあるのだ。

しかし、銀蔵の言葉の一つ一つには、研ぎ澄まされた刀剣の地肌のような匂いがあった。

絶妙のリズムがあって、聞く人によっては、虚を衝かれることもあるのだ。

「そこに山があるから登るというように、そこに金があるから掘るとは行かん。掘ることは簡単、発見が難しい」

「そうですね」

「発見にかける苦労が九九パーセント、一パーセントが掘る苦労といえる」

「わたしも、そう思います」

「そして、もっと難しいのは株価がどう反応して来るかを予測すること。桃源郷の存在を信じる人より、発見した人の方が喜びが大きいでしょう」

素直な笑みが、銀蔵の目に湧きあがっていた。

まるでそれは、月の出た海原のように明かるい笑みである。

その明かるさが、しだいに強くなるのだった。

銀蔵は宮本に、生理的な反発を覚えているのだ。

4

昭和五十二年の十二月に、三百三十七円を付けた日本セメントの大相場では、底値の百二十円から百三十円で買い出動した。

銀蔵の手元には、二千万株という大量株数が集まった。

そして、二倍の高値で売り逃げ、数十億円の利益を手にしたといわれる。

このときの狙いは、オーソドックスだった。

当時の不況対策として、政府は公共投資をやらざるを得ぬ。

やるとなれば日本セメント株は、安過ぎるとの考えだった。

しかし、当時は未だ是川銀蔵の名前を知らぬ人が、カブト町にも、キタハマにも多かった。

キタハマの相場師として是川銀蔵の名前が喧伝されたのは、昭和五十四年から五十五年の二月にかけて囃された同和鉱業の大相場である。

百六十円の同和鉱業を、九百円という五・五倍まで買い上げた大相場を演出した。

華麗な仕掛け人として成功させたのだ。

そして、恬淡《てぃたん》の相場師と称された。

世界的な非鉄金属業界の不振は、既に限界に達していた。

近い将来は、必ず大きなドテンがあると銀蔵は結論し、その結論を信念として行動した。

海外の市況、とくにロンドンにおける銅のストックに関する推移を調べあげて、信念を強固なものに育てあげたのだ。

単に株価の動きのみを見れば、動的で飛翔する。

それこそ戦気あふれた相場師をイメージしたいが、当の銀蔵は、樹下石上の瞑想にふける僧に近い。

まるで迅速を喪失してしまった一介の剣客だ。

銀蔵の相場には、現在があっても過去はない。

昔からの法則とか、先例には批判的だし、そのような決まった例をつくることは、相場にはあるまじきことと断じた。そこには、なにものも怖れぬ不逞な銀蔵の面魂が、何時もあった。

「まるで是川さんの体内から放射される動物的な迫力のようなものがあって、正視するに耐え難いほど凄まじいところがありますな」

と語るのは山瀬である。

銀蔵の迫力も普通の人には、雑木林を抱きかかえて動かぬ山の音ほどにも、感じさせないものだ。

朝二時間の読書しかせぬ銀蔵だが、毎日神経を使うのは、出来高の増減である。

要するに、いま現在の市場がどうかという点には、人一倍神経質だ。

市場エネルギーを象徴するのが出来高である。

このエネルギーを上手く駆使することに成功すれば、大相場を実現させ得ると考えるのだ。

大引け後、出来高の移動平均線のみを見るのだ。

株価をつくるのは出来高であって、出来高をつくるのは株価でないと結論している。

人格形成に学歴は必要かも知れぬが、学歴は人格とは無縁のものだ。

学歴を得るのに協力しても、それ以上を親が面倒見る必要はない。

しかし、世の教育ママと称される人たちは、学歴が人格の総てを形成すると誤解し、子どもを自分の愛玩物にしてしまう。こんな馬鹿化たことがあるか、と銀蔵は嘆く。

株式相場も一緒だ。人格より先に、学歴があるのではない。出来高より先に株価はないのだ。人格が学歴を有意義なものに育てるように、出来高すなわち市場の人気が、株価を育てあげると銀蔵の相場哲学は、結論するのである。

銀蔵には、三人の子どもが健在だ。

長男の正顕は昭和三十一年に、京都大学理学部の大学院を卒業している。四十年に西独ミュンヘン大学の教授を経て、四十五年にはフランクフルト大学で理学部教授。四十七年に、西独国立結晶物理学研究所所長。そして五十三年には、ECの原子力委員会委員という超一流の世界人である。

いま一人の男子も、住友金属の技術開発部の人材であり、女子は東レ副社長の令夫人だ。学歴だけは取得させるが、あとは自分の器量で生活せよと突きはなす。

この方針は、自分の三人の子どもの場合も、例外ではなかった。

クレイジードラマ

1

交通遺児を高校入学させる奨学金を、是川財団は事業とするが、終身の面倒を見る気はない。

卒業後の人生は、自分の才能を発揮し、切りひらかねばならぬと、銀蔵の哲学はハッキリ表明する。

「相場も同じこと」

ホンモノの相場は時機到来となれば、黙っていても一人で歩き出す。

日本セメントがそうだし、同和鉱業の場合も、住友金鉱の場合も同じこと。

住友金鉱は黄金の顔で、天下の大道を一人闊歩する。

一人歩きを支援する人の数を、明確に証明して見せるのが、出来高というバロメーターと銀蔵は考えている。

東証第一部に上場している会社数は、九百七十四社。

五十六年の出来高を調べると、住友金鉱は上位から第十九位に位置し、九億六千万株を記録した。

五十五年に比べ一億七千五百万株弱、二十二パーセントプラスで、一日平均は三百三十八万株。株主増も著しく、二千五百名余も増え三万四千名になった。

この点を見ても、住友金鉱に人々の注目が、如何に集中したかの証拠になろう。

二月の株式市場は、日米経済摩擦の深刻化、景気・企業々績に対する行先き不安など、外部環境が悪化しているうえに、外人投資家の売り攻勢で地合いが崩れた。

その環境悪で住友金鉱は、二十五日に七百七十二円の史上最高値を付けた。

全般相場の反落に逆行する人気を集めたのだ。

市場エネルギーの旺盛さを、証明して余りある。

銀蔵がよく見るチャートは、出来高の六日移動平均線と、二十五日移動平均線である。

昔は二十六日を用いたが、第三土曜日が立会停止になったので、二十五日線を用いるようになった。

日数の短い六日移動平均線に先行性があり、上昇相場では二十五日線より上にあるが、二十五日線との隔離度が大きくなると、株価は天井ゾーンに入ると判断を下す。

また、株価が二十一日線を上から下へ切ると、目先の短期サイクルは下げ、九十日線を同じように上から下へ切ると、もうすこし長期の下げがあると判じる。

しかし、住友金鉱の場合は、チャートを見る必要はないと、銀蔵は思っていた。

住友金鉱の株価は、とてつもない高株価に化けるはずだ。

株は夢を追いかけて走る体質を、本来持っているというのが、銀蔵の持論だ。

銀蔵は、良い意味での師匠には、なれぬかも知れない。

天才には、弟子ができない。天才は自分を基準に、ものを考えるから、この程度のことが、何故分からないかという表情を持っている。普通の人は、その基準まで、なかなか到達できない。ところが天才に、その程度は当然のこと。そういう意味で銀蔵は、不幸かも知れぬ。

例えば出来高を重視するのは、ある程度に量が増えれば、質的な意味が変わってしまうからだ。

だが、この銀蔵流相場観を理解できる人は少ない。

2

「わたしは同和山相場が終わったとき、相場から手を引こうと思った」

「本当ですか」

「正直な気持だ」

丸山証券の社長室で、銀蔵は丸山心平と話していた。

丸山社長は銀蔵を、話題の相場師というより、ユニークな発想をする大口の投資家として遇し、ご高説拝聴が多かった。

「大阪で是川経済研究所を開いた頃、盧溝橋事件が起って、時代は風雲急を告げていたよ」

昭和十二年の七月七日である。

「十一日に、北支派兵を政府が決めると、翌日は大陸への輸出停止で打撃を受ける紡績、人絹株が暴落した」

「そうですか」

二代目の丸山社長は、未だ五十歳前だから、生まれていても幼児期だ。

「しかしね。株が本格的に下げたのは、八月に入って上海に飛び出したときだ。山一証券の太田収社長が自殺したのは、この暴落だった」

「聞いてます」

「あの人は、学校出の正直人間ですからね。インテリの弱さかも知れん」

「ネバリに欠けるんでしょう」

「そうだろう。わたしは、そのとき考えた。こんなことしてると、第二第三の太田収が出るのじゃないか」

「第二、第三の自殺者か――」

「まごまごすると、わたし自身が太田収になるかも知れんと思った」

「まさか」

ありあるはずがないという丸山社長を手で制し、銀蔵は言葉をつづけた。

「いまでこそカブト町やキタハマで、何百億円の資産を持っているのでないかと、わたしのフトコロを憶測するが、わたしもカネに困った」

「本当ですか」

とても信じられぬと、丸山社長は意外そうな顔をした。

銀蔵は、紅茶に角砂糖を入れながらいう。

「本当です」

銀蔵の右の目が軽くケイレンしたかに見えた。

遠い昔の苦い思い出は、痛み以外の何ものでもあるまい。

「そこで研究所を解散した。研究所をつくった動機は、キタハマで相場観が当たるとの評判が立ち、いろんな人が相談に見えたからです。あの研究所を、いま流行のコンサルタント会社のようにという人がいるが、まるっきり違う」

「誠備グループについては、どのように考えます」

丸山としては、加藤嵩が君臨した誠備グループに対する銀蔵観を、ぜひ訊ねて見たいと思っていた。

「正義感は、人間誰しも多少は持っている。誠備は、社会的に存在する価値がない。他人にかける迷惑を考えて欲しい」

銀蔵は、丸山がしめている水玉模様のネクタイを、じっと見ながらハッキリいった。

個人投資家の味方と自称しながら、その実は秘密会員の利益確保が先行した誠備グループの終始は、許せぬものだった。

弱い犬は吠えるしメダカは群れると、銀蔵は少年時代から考えていたのだ。

そのくせ、寄らば大樹の陰とばかりに、政治家や右翼の大者のカサの下に入ろうとするなど、天にツバする言語道断であろう。

「そうですね。宮地鉄工と違って住友山の場合は、みんなが儲かってます」

「まあ、それは良いとして、わたしは研究所を閉じると朝鮮に渡り、鉄鉱石を採掘したり、無煙炭の溶鉱炉を十基建設したりした」

「獅子奮迅の活躍ですな」

「いやいや」

右手を振りながら銀蔵はいった。

「話の本題が、ずれた。わたしのいいたかったのは、二十年前だが、毎日、借金の利息を三万円ずつ払ったことだ」

3

Ｈ・Ｌ・ハントは、七歳で母を亡くした。十代で西部をさすらったギャンブラーだが、幸いテキサスで油田にぶち当たり、超富豪となった。

ハントには、先妻の息子三人と二人娘がいた。それに後妻にも男子一人、女子三人がおり、遺産分けに苦慮しているとき、リビアに誕生した社会主義政権に、油田を国有化されたのだ。

資産を取りもどすべく、先妻の息子である次男バンカー、三男ハーバートたちが、シカゴ、ニューヨーク市場で、一九七三年に銀、砂糖を、七七年に大豆を買い占め、世界をゆるがした。

ところが運は分からぬもので、このハント兄弟が、銀で失敗したのだ。

銀蔵は世界的に非鉄金属の需給が逼迫し、国際価格が暴騰すると読んだ。

供給不足で、相場が上がるのは、ものの道理である。

銀蔵の予測に誤りはないが、ハント兄弟の破産は読みとれなかった。

こればかりは、神さまでも無理だ。

当然、ニューヨーク株式が暴落し、同和鉱業にも売りものが殺倒して、相場は潰れた。

九百円の同和鉱業は、三百三十一円まで下がった。

「同和山の相場は、千二百円を考えたが狂った」

「そうですか」

「人間の知恵に限界があることを、思い知らされたのだよ」

しかし、銀蔵は深刻ぶりもしなかった。

「ぎりぎりの状況、これ以上は神さまにならなければ分からないという限界がある」

今回の不祥事は、誰にも予測できぬクレイジードラマだ。

「絵は、良い絵と悪い絵の二つしかない。鉄斎が好きだが、鉄斎にも良い絵と悪い絵がある。ソバも美味しいソバと、不味いソバしかない。株も良い銘柄と、悪い銘柄に分けられる。三井金鉱に金が出たとか、古河鉱業の阿仁鉱山で金鉱石を開発というが、わたしにいわせれば、ズバリ住友山以外は駄目だ」

「美味しいソバですね」

丸山が言った。

「さっき話したように同和山の相場が終わったときは、研究所を解散して朝鮮へ出かけた時と同じように、もう相場から手を引こうと考えた」

丸山は、からだを前に乗り出して先をうながした。

「決意をひるがえさせたのは、何ですか――」

「住友山が鹿児島で凄い金鉱を発見したと聞いた」

「どなたから」

「やはり非鉄金属の会社役員だ」

「どなたですか」

「名前はいえない」

「そういう話になると是川さんは、口が固いから」

「人間には信義がある」

銀蔵の優しい目が、このときキラリと光った。

「それから出合いを調べると、二百四十一円の売りものがあった。よしそれではと、その玉を取ったあとは、二百五十円まで六万二千株取り、成行き買いを五万株入れたのが最初だった」

「そうですか」

「同和山は五千万株買い占めたことになっているが、住友山は、そんなにはないよ」

道場剣法

1

吉川の声は金属的だった。

「売り方は噂どおりか」

「華僑資本の三星実業と、横浜の中華料理店のグループだが、どこまで本当か疑問だ」

「そうか」

宮本の返事に、吉川は気落ちしたようだ。

実際、吉川は鋭い刃物で背筋を刺されている気持だった。

「横浜の連中は、ハッキリ否定している。三星実業は日本橋のビルに入っているが、小豆市場の大手らしい」

宮本は事務的に語った。

事実、三星実業は輸入指定品である小豆の外貨準備金二〇パーセント強の割当てを所有しており、台湾系の輸入商社だ。

小豆相場で数百億円の資産をつくった三星実業は、在日華僑の一匹オオカミ。

いままでも鈴木自動車や、東レを五百万株程度買いついたことがある。

横浜のグループは国際的な紳士で、米国財界とも交わる人物が中心らしいが、確証はない。

「買い方は、是銀が一番大きいが、平和不動産の個人筆頭大株主である坪田喜雄の名前と、三光汽船が出ている」

「三光汽船もか」

「しかし、三光汽船は利食いが早いから、抜けたかも知れない」

「売り方が残っているなら、こんご売り乗せもあると思うが、どうだ」

「無理と思う。丸山証券で是銀に逢ったが自信持っているよ」

一時、銀蔵の持ち株は二千万株といわれたが、二千五百万から三千万に増えていると、宮本は考えていた。それに坪田喜雄が五百万株、三光汽船が五百万株とにらんでいる。

宮本には、吉川の限界が分かって来た。吉川の相場観は、いうなれば平和時の剣法。それは道場剣法で、前を詰めジリジリ迫って行くやつだ。

実戦では通用せぬ。

戦場では、ジリジリ迫る法など通用せぬし、そんな悠長なことでは負ける。ワーッとむかって来た敵の槍に突かれるか、ぶっ飛ばされるかしてしまう。戦場の剣法と、道場の剣法は異なる。

相場にも理屈相場と、実戦相場があるはずだ。

レシオがどうの、次期経常がどうのではあるまい。

銀蔵が神経質に見る出来高の移動平均線のみが、実戦を可能とする。

そのように宮本は考えているし、動物的な感覚も必要とされるはずだ。

米国で株式相場の教祖と称されるジョセフ・グランビルが、昨年一月七日に売り指令を発したときも、根拠は、出来高をともなっていない点だ。

そしてニューヨークダウ平均は、一挙に一千ドルの大台を割った。

吉川の電話をきった宮本は、大きな耳を例のように動かした。

「あいつの相場は小さな相場には通用するが、住友山のような大相場には駄目なんだ。小の相場の当たり屋が、大の相場にも当たり屋とはいえない」

宮本には、吉川の弱点が見えて来た。

吉川には、住友金鉱が三千円になっても不思議と思えぬことが、分かっていない。

その三千円に真向から挑もうとするのが、権藤太郎だ。

しかし、宮本は売り方の大物である権藤の存在を、吉川に教える気にはならなかった。

手の内が、もれるのを避けたのである。

2

二月二十五日に、七百七十二円の史上最高値を付けた住友金鉱は、まさに昇天の勢い。

買い方、売り方の思惑が交錯した。

「部長参ったわ」

朝倉が大場に、弱音を吐いた。

「そうやな、未だ上かも知れん」

「それにしても住友山一色になって来たんで、何で売ったと、客から怒鳴られるし情けない」

言葉どおり、朝倉の顔は蒼白だった。

「証券マンのつらいとこや。是銀さんと坪田さん、しかも三光汽船も買い方にまわっているから」

「四社も手揃い買いだから、かなわん」

「旭証券の京都支店は、一人当たり五万株ずつの沈潜をやり、大成功したので、みんな喜び昨日も乾杯したといってた」

「こちらは、地獄の涙酒ですわ」

万年強気の朝倉も、こんどは参ったかして顔色なしだ。

「坪田喜雄さんは、平和不動産の個人大株主とかでしたな」

「そや、同和山のときも是銀さんと連合作戦で注目された。スケールが大きいキタハマの相場師や」

「あのとき、是銀さんの方が先に売り逃げ、二人の間にヒビが入ったとかの噂がありましたが、本当ですか」

「あの噂は、ちょっと違う。坪田さんは、もともと同和山の大株主で、いまも確か個人筆頭。是銀さんが、同和山の相場をつくるとき、坪田さんにも頼みはったのは事実や」

「そうでっしゃろ」

朝倉は部長席の前に、自分のデスクから移って来た。

部長席と課長席の間に、次長席があってすこし距離がある。

口にくわえていたタバコの灰を、灰皿に落しながら朝倉がいった。

「それなのに相場が下がって来たとき、是銀さんは黙って売り逃げてしまい、坪田さんが残されたと聞いてますんや」

「あの話は、いろんな誤解がある。是銀さんは坪田さんに売りなはれというたが、坪田さんは、なかなか売らん。相場は毎日立っているから、坪田さんを待っていたら下がってしまうので是銀さんは手じまった。ところが坪田さんは売ったと報告がない限り、持ってはると思ってた」

「――」

「大株主会があって上京しはった。その席で是銀さんの持ち株は、十万株しかないと分かったらしい」

「怒ったやろなー」

朝倉は、からだを乗り出した。

「怒りはらへん。売りはったそうや、というだけ。だいたい坪田さんは九十いくつ。その程度で微動もせん。お前と違うで」

「九十いくつでっか」

「確か九十三と思う」

「これまた老人パワーでんな」

「まあー、あまりカッカするな。血圧が高なるで」

「ホンマにそうや」

「上がったものは下がる。下がったものは上がる。住友山も例外ではない。お前は相場の渦のなかに立ってるからアカン。渦のそとから相場を見んかい」

「よう分かってますねんけど」

朝倉は灰皿に、タバコを押しつぶした。

3

坪田喜雄は、明治二十二年生まれの老相場師。ドリームとか雅叙園が動くと話題になり、平和不動産の株価が動き出すと、証券業界紙を賑わす。

坪田も銀蔵と同じように、いま住んでいる堺の屋敷は居住地で、現住所ではない。現住所は大阪市の阿倍野区松虫にあって、阿倍野区が移すことを反対する。阿倍野区は、坪田の税金で毎年、消防車をつくるから反対して当然だ。

どこまで本当の話か分からぬが、豪勢な話であることは間違いない。

正月、坪田邸へ参上すると五グラムの純金小判を、年玉代わりにくれる話は有名だ。

ホンモノと思わず、金メッキと思って捨てた人間がいたから、世のなかは面白い。

「坪田さんも、住友山の買い方ですか」

「そない聞いてる」

「今日のコーヒーは、うもうないわ」

朝倉はネクタイをゆるめ、タバコの煙を自棄に吸い上げた。

大場の表情が動いた。

吉川が、何時ものようにズボンのポケットに手をつっこんだ姿で、ボヘミアンに入って来たのだ。

大場を見つけ寄って来たが、調子よい言葉は出ない。

隣りのテーブルについて、大儀そうに言った。

「しんどいわ。昨日の酒が残ってる」

「よろしいな酒飲めて。わしら死んでしまいたい」

朝倉が、吉川に噛みつく。

しかし、吉川は返事せず大場に言った。

「住友山、えらい相場でんな」

「末だ高いやろ。是銀さん一人の相場でなくなって来た」

「吉川さん、週刊ニッポンあきまへんな」

朝倉が吉川を自分の話に引きずりこもうと、話しかけた。

「わしがいうたように記事は出たやろ」

「影響力がおまへんや」

「わしも困ってるねん」

「ということは、吉川さんも売り方?」

「そや」

「こらアカン」

と、いったのは大場である。

売り方の吉川が、売り方贔屓《びいき》の記事に詳しいのは、裏があること間違いない。

「わしは、あの話を聞いて買いついてたのを利食いして、ドテン空売りしたんや」

「そうか」

吉川は、朝倉の泣きごとを聞き流した。

「週刊ニッポンに、もう一回書いたらどうやろ」

朝倉が提案すると、吉川は指で小さな輪をつくり、

「カネがいる」

と言った。

「記事書かせると簡単にいうけど、カネがいるねん。あんな記事でも、それなりに役立つわけやから
カネが動かんと書きよらん」

屈託なさそうに語る吉川の声の裏にひそんだ、かすかな恫喝の響きを、大場は鋭敏に感じ取ってい
た。

買いもどし

1

未確認情報では、菱刈金山は数百トンの純金産出の可能性が強い。

五百トンで時価換算一兆四千億円、六百トンで一兆七千億円と二兆円近くなる。

住友金鉱の一株当たりは七千円になっても、不思議でない。

東朝新聞の株式欄を読みながら山瀬は、えらいもんやと思った。

「是川さんは丸山社長と一緒に菱刈へ出かけ調査しはったけど、そのときの話は、毎年百トン掘り出して十年以上掘れる」

「凄い話や」

大場と網彦の奥座敷で、山瀬は今日も酒を楽しんでいた。

「五百トンで一兆四千億円、六百トンで一兆七千億円やから百トンが三千億円になる。百トン十年間で三兆円や。しかも十年以上ということは、三兆円以上になる」

大場は、山瀬の話で計算してみた。

「一株当たり二万円ぐらいになってしまう」

「本当や」

「掘り始めた当初は住友山自身も、これほど大きいと思っていなかった」

「空前の大金鉱やな」

大場の喉が、鳴ったようだ。

「持ち主の住友山や、住友グループが信用してなかったのに、是銀さんは世界で二番目の産金国になって不思議でない、と発言したから凄い」

「予言者や」

「週刊ニッポンなんか、嘘つき呼ばわりの悪口を書いたが、是銀さんの予言どおりということが、ボーリングが進むにつれて分かって来た」

「悪い記事が雑誌に出ると逆に株価が上がる」

「そうやな」

「住友山は現地に土地を購入しており、どうやら製錬所をつくるらしい。だから菱刈町も、農協も、町ぐるみで協力している」

「週刊ニッポンでは町長が、ゴールドラッシュを否定した」

「あれは、わざと嘘偽の発言をしたのかも知れん」

「そうか。嘘を信じて書いたとしたら馬鹿げた話や」

「そや」

まるでピエロだ、と二人は言いたかった。

山瀬は人一倍飲むが、食べる方は余りすすまず、ウナギだけが好物だった。

それも、この網彦のものを好んだ。

「この間、入った話では是銀さんが、菱刈金山の側の鉱区を買ったというがどうだろう」

「その話は本当や。名儀は丸山証券の社長にしてあるが、間違いないと思うな」

「本当か」

大場は、明日からの買い出動を再び覚悟した。

当たり屋につくが、賢明と思ったのである。

「山ちゃん、あんたが是銀さんに気に入られてる秘訣は何や」

「秘訣なんてあらへん」

山瀬は、真顔になった。

この真顔は、半分照れてるときの癖だと大場は心得ていた。

「わしには、わしなりの決まりがある」

「それ教えてんか」

大場は、山瀬の盃に置きつぎをしながら促がした。

「慈悲・誠・感謝や。この三つを大切にしているのが、気に入られたらしい」

2

慈悲は、仏教の言葉である。

菩薩が人々に楽をあたえることを慈と称し、苦を除くことを悲と呼んだ。

そして、人間、病いに苦しむほど、慈悲の気持が濃いというが、貧苦も同じだ。

山瀬が信条とする慈悲の精神は、是川銀蔵の哲学でもあった。

また、偽り飾らぬ情けの誠もひとしく、感謝の精神も同様だ。

銀蔵が鉄斎を愛し、かれの桃源境図に親しむのは、鉄斎の無頓着と同居する勉強ぶりである。

篆書《てんしょ》や隷書《れいしょ》を写すかと思えば、和漢書や香の合わせ方にまで興味を持つ鉄斎の生活は、魅力的だ。鉄斎は池大雅《いけのたいが》を尊敬したが、大雅は仙人のような人物で、筆以外の学問がなく、絵に進歩なしと断じた。

その鉄斎を棟方志功は、学問があり過ぎるという。

あんなに学問がなかったら、もっと上手くなったはずと語った。

しかし、志功ほど、マンネリズムの沼に溺れた例はない。

銀蔵にいわせれば、鉄斎は『桃源図』を描くことで、内ふところの深い、そしてみずみずしく胎蕩《たいとう》たる情緒を湛えた世界の描出に、成功した。

好奇心に誘われ、水源までさかのぼる漁師の心は、住友金鉱の金に賭ける銀蔵の、心近くに存在する。

それどころか、どちらも秘められた世界を追究したいという意味では、ひとしい心の動きといえるはずだ。

暖流にそって漁をするうちに、気がつくと、両岸に満開の桃林がつづいていた。

桃林が何処までつづくか、との興味で舟をすすめて桃源境を発見した漁師の好運は、やはり日頃の精進にもたらされたものだ。

常々の精進なくして、好運に恵まれることはあるまい。

銀蔵は関東大震災のとき、トタン板で巨額の利益を手にしたが、終戦後もトタン板で儲けたことがある。

朝鮮から帰国したときは、無一文同然だった。

しかし、弛まぬ精神の主たる銀蔵は、扶桑金属桜島工場の爆撃跡を解体する作業を始めた。

扶桑金属は、現在の住友金属だ。

帰国直後とて、無資本同様の徒手空拳で始めた解体作業だが、わずかの間に、大きな利益を占めた。

昭和二十年の三月十三日の夜。大阪はＢ29の猛烈な爆撃を受け、大打撃を被ったのである。市街地の六割が灰燼《かいじん》に帰し、工場街は最もひどかった。もちろん扶桑金属の桜島工場も、例外でなかった。

その工場の焼け跡整理を、やったのだ。

これは銀蔵の着想だった。

焼け跡に急造されていたバラック工場を解体するときに出るトタン板と、古材木。

このトタン板と、古材木の再利用に銀蔵は着目したのである。

銀蔵は、太融寺の近くの焼け跡に運んで来たトタン板の波を打ち直した。釘穴は溶接で上手く埋めたが、そのままではトタン板ということが一目瞭然だ。そこで青いペンキを塗りつけ、文字どおりのカラートタン板を誕生させたのである。古材木は焚木《まき》にした。

そのどちらもが、飛ぶように売れた。

何といっても、終戦間もなくの物不足時代である。

有効利用を考えたのだ。

梅田の太融寺近くの土地に、桜島工場から運び込んだが、資産何百億と称される現在の是川銀蔵からは想像できぬが、桜島工場から太融寺まで運ぶトラック代が、都合つかずに困った。

「何とかならぬか」

腕組みして、銀蔵は考えた。

このとき、銀蔵に一万円のカネを貸した人物がいる。

いま、キタハマの中堅証券で相談役をつとめる人物が、その人だ。

「一万円で、あんたが助かるなら」

銀蔵にとっては、地獄で仏だった。

日頃の精神があればこそである。

3

住友金鉱の株価が七百七十二円を付けたのは、二月二十五日だった。

先週末、七百円台に乗せてからのち、上昇のピッチが一段と加速されていたが、菱刈金山に対する思惑が、あちこちで飛び交っていたのだ。

前日の二十四日の後場、七百六十五円と買われ、五十九円で引けた。

その余勢で、七百七十二円まで駆け昇ったのである。

二十四日現在の東証信用残は、売り三千八百十五万九千株に対し、買いは八千百万八千株。

いぜんとして取り組みは厚い。

そして売り残が昨年暮れに比べると、かなり増えていることが分かるのだ。

完全に相場は、二極分化してしまった。

買い人気は、ひと握りの材料株に集中し、その一番手が住友金鉱というわけだ。

主力の優良株には小口の見切り売りが、さみだれ的につづくのである。

住友金鉱の七百七十二円を見て、青くなったのは朝倉だ。

「だから買いもどせといったろう」

大場は、部長席に朝倉を呼んだ。

「下げ出すと、未だ下だと思うよって、つい爪を伸ばしますねん」

「お前の売り値は、一体何ぼや――」

「六百二十円と三十円で五万、五万です」

「二十五円で十万株か」

「お客さんは、五人ほどに分かれてますけど」

「お前は自分の売った六百二十五円を中心に相場を見るやろ。それが間違いや」

「――」

朝倉は声なしだ。

「その気持も分かるけど、そこが人間の弱さや」

大場は、人差し指で机をこきざみに叩きながら言葉をつづけた。

「もっと客観的に見なアカン。この相場のエネルギーは、どれほど強くて株価を何処まで押し上げる力があるだろうかを、判断するのや。グランビルが自分自身は株式相場を絶対にやらんのは、客観的な目を持つには、株価にとらわれたら負けと考えるからだ。そうせんことには、正確な判断が下せんし、アドバイスに狂いが生じるんや」

「わしが自己張ってるのと違いまっせ」

「そら分かっとる。いまいうてるのは客観的な目を持てということだ」

しかし、大場の言葉を朝倉が、何処まで理解しているかは疑問だ。

朝倉は、このまま一気に千円まで駆けのぼるのでないか、との恐怖にとらわれていた。損が、どんなに増えるのかと青くなっている。

「仕方ない」

その日の大引けで、朝倉は十万株全部を買いもどした。

大引けは、七百三十九円。

前日から見ると、二十円安で引けたのは未だしもである。

百十四円買いの損となったが、終戦処理を済ますと朝倉の顔は、それなりに明るくなった。

いままでの針のムシロから、降りたのである。

「これからは、損金を入れてもらうのが苦労や。そやけど千円の四桁相場が出ることは間違いない。だから結局は喜んでもらえる」

「ドテンしての売りをすすめたのは、お前やないか」

笑いながら大場がいうと、朝倉は頭へ手をやって、半分泣きそうになって言った。

「吉川のペテン師に、騙されましたんや」

「危険な男や、と注意したのに」

「すいまへん」

当の吉川は、内北浜のビルにある事務所へは、もう何日も顔を見せてなかった。

電話のベルだけが、空しく鳴っていた。

売り上がる

1

二月二十五日に、住友金鉱が七百七十二円を付けた。

日本橋証券が市場に、住友金鉱の売りものを這わしたのは翌日の二十六日だった。

二十五日の高値は七百七十二円だが安値は七百三十一円、そして大引けは七百三十九円で前日比は二十円安の陰線引けになっている。

「権藤商事で売り指し値を持って欲しいのですが」

寄り付く一時間前に、宮本の電話が久我に入った。

「どれぐらい売るんだ」

「昨日の大引けは下げ過ぎだから十円上の七百四十九円で十万株。五十九円で十万株、六十九円で十万株、しめて三十万株の売り指し値が社長の意向です」

宮本が社長という場合は、権藤商事の権藤太郎だ。

「権藤社長は売り上がるわけだな」

「そのようです。専務、昨日の七百七十二円は天井ですかね」

「どうだろう」

「好いとこへは来てると思うんですが」

「一昨日の後場付けた七百六十五円は、高値更新だから、相場は強いと思ってはいたがね。一月二十五日の七百五十円を抜いて、先週末に七百十円を付けたときは、完全に買い方ベースであったことは間違いない」

「そんなとこだよ」

「当たってますか」

「買い方が六百三十円、売り方が五百四十円のコストらしいが、どうでしょう」

「取り組みは厚いですな」

「買い方が六百三十円で八千万株、売り方が五百四十円で四千万株ということだ」

ここで売り上がるのは、人々の意表を衝く動きだ。

「権藤社長は、大きな売りを考えている様子かね」

「その辺は、わたしも分からんのです」

宮本は、実際、知らないらしい。

「何を考えつくか分からぬ人ですから」

尾崎の話では、作戦室が権藤商事にあるという。

権藤商事はキタハマの三十五階建の高層ビルにあり、その二十七階がオフィスだ。

社長室の横に、衝立で人目を避けた個室がある。

そこに権藤商事の社員でなく、権藤太郎個人が採用した秘書が二人つめていた。

二人とも、キタハマの証券会社出身のベテランで一日中、短波放送を聞いていた。

株価の動きを掴み、チャートを引いたり、証券会社へ電話を入れたりしているのだ。

ときには、社長室へ駆け込み権藤太郎と相談しており、権藤商事のオフィスでは、かなり異様なムードを呈しているらしい。

秘書二人と密談した結果、売り出動を決定したのであろう。

久我が問いかけた。

「この間の預り金を担保に使うよ」

「そのつもりです」

「よし、分かった」

宮本の電話をきると、久我は尾崎に電話をつながした。

2

寄り付きは七百四十九円だった。

昨日の七百七十二円を付けたときの気迫は、失せていた。

しかし、昨日の大引け値に比べると、十円高の寄り付きだ。

株価の点から見ると、十円高は相当な買い株数を集めたかに見えるが、売りもの薄の場面を駆けのぼった故の結果である。

久我の電話を受けた尾崎は、権藤太郎から、いよいよ註文が出たことを知った。

千成証券の大場の話した権藤太郎は、発想の転換が早い男だ。

尾崎の常識では、奇矯な思考なり、行動なりは、長続きするものではない。

だが、権藤太郎の場合は別かも知れぬ。

ものごとに憑かれた人間は、何か知れぬが無気味である。

人間は、自分の思考の範疇からはみ出す者を嫌う。おのれに把握できぬことから来る嫌悪感だが、本当は恐怖感かも知れないのだ。

「尾崎さん」

ふり返ると宮本が立っていた。

「どうです」

宮本は、分かってますなーと、言外に意味を持たせた言葉を用いた。

「あー」

声にならぬ声で、尾崎は返事した。

「四十九円で寄ったよ」

宮本は、眉根を寄せ表情で応えた。

市場内のあちこちでは、鹿児島の菱刈金山の試掘についての思惑が飛び交っていた。

外人買いが低調のいま、住友金鉱の株価に対する期待度が強い。

「昨日の出来高は一千八十七万株だが、今日はどれぐらい出来るか。これが決め手だ」

尾崎が説明すると、宮本は自分も、そう思っていると肯いた。

「社長は目先きの天井は打ったと考えてるらしい」

「そうかも知れん」

「問題は是銀の動きにかかっている」

「是銀さんは静観だよ」

「丸山証券は、どういってます」

「住友グループとの間に、話がついたとか、つかぬとかいってるが、真相は曖昧模糊《あいまいもこ》としているね」

「口が固くなった」

宮本自身も困っているんだと、その言葉は語っていた。

「本当だ」

尾崎は声音を落して訊ねた。

「権藤太郎には、その方の情報パイプはないのかね」

「ハッキリ分からんが、それなりのパイプはあると思うよ」

「宮本君自身も、そのスタッフの一人に入っている」

「どう思っているのか、それは権藤太郎の方の問題で、こちらには分からんね」

この日の高値は七百五十四円。

権藤太郎の指し値注文は、寄り付きに十万株が売れたのみだった。

安値は七百三十六円で、大引け値は七百四十九円の寄り引け同値。

尾崎が留意した出来高は五百二十八万株で、昨日に比べると、五割減の二分の一株である。

3

「社長を頼みます」

「お待ち下さい」

三十五階の会員制クラブで、酒を飲む権藤に、二十七階のオフィスから電話が入った。

「どうだ」

「出ました」

「どう出たんだ」

「売りです」

「売りか」

権藤が、いま一度、確かめるようにいうと、電話の主はいった。

「社長、断固売りです」

「よしっ、分かった。三十分たったら、もう一度電話をくれ」

肩を振るようにして、権藤は席にもどった。

席には、キタハマのスタッフが二人、水割りを手に、高層ビルからの夜景を眺めていた。

毎晩のように、権藤は酒を楽しむが、支払いはキタハマで権藤商事の玉を受けているこのセールスマンたちが、交互に支払い、権藤太郎は一円のカネも必要とせぬ仕組みになっていた。

「社長どうですか――」

「ウン」

返事はしたものの、声は発しなかった。

大きな手で、水割りのグラスを手にして、じろりと宇田を見た。

宇田浩介は、今橋証券のセールスマンである。

「売りですか」

淀屋証券の八木沢栄太も、権藤の口もとに注目した。

「そうだ」

「売り乗せ作戦だ」

ニューキタハマビルの二十七階にある権藤商事。

その権藤商事の一室では二人の秘書が、チャートを引いて議論していた。

そして、住友金鉱は売り乗せとの結論が出たのである。

権藤は、心のなかで暴れるものの正体を、見定めようとしていた。

舌で唇を舐めまわした権藤は、無理に押さえた声で、八木沢に言った。

「明日は何曜日だ」

「明日は土曜日ですよ」

「土曜日か」

「そうです」

「二月二十七日。二月最後の土曜日で月末になります」

宇田が、八木沢の言葉につけ加えた。

「そうか。二月の納会か――」

二人の方に、権藤が大柄の体をむけたとき、ボーイがオフィスからの電話を告げた。

「明日、寄りあとに二十万の売りを出せ」

「明日、寄りあとに日本橋へ二十万株の売りを出します」

秘書の復唱に、権藤社長はいった。

「そうだ。日本橋証券だ」

席にもどった権藤は、新しいおしぼりを持って来させると、指の股まで、丁寧に拭きながらいった。

「寄り付きで今橋から十万株売ってくれ。そのあと、淀屋からも十万株売りだ」

「寄りあと売るんですか」

八木沢が問い直すと、権藤は宣言でもするかのように、キッパリいった。

「そうだ。寄りあと売りあびせるのだ」

4

住友金鉱は七百五十円で始まった。

昨日の大引けは七百四十九円だから一円高で、九時の商い開始と同時に寄り付いた。

「先ずは、問題なしの寄り付きだ」

店頭でボードを見ていた久我は、呟くようにいった。

「専務、電話‼」

株式課の元気な若者が、久我に声をかけた。

電話の主は、権藤の秘書だった。

「専務、成行きで二十万売りたおまんねん」

大阪弁が、住友金鉱の二十万株売りを註文して来た。

権藤商事の註文は、住友金鉱と決まっていたから、銘柄をいう必要はないのだ。

「七百五十円で寄りました」

「分かってます。直ぐ売りを出しとくんなはれ」

大阪弁なら「よろしおます‼」と、応えるのかも知れんなと、久我は思ったものだ。

久我は、株式課の若者に声をかけた。

「オイッ、住友山を成行きで二十万売りだ‼」

久我の大声が、聞えたかして電話は、

「頼んます」

言ったかと思うと、きれていた。

住友金鉱の株価は、七百五十円に寄ると、そのあと七百五十三円を付けた。

しかし、そこへ日本橋証券の二十万株が、成行きで売りに出されると、株価は下がり始めた。

五十円を割り、四十九円、八円、七円と下げ、ツルベ落しとなったと思うや、四十円も割ってしまったのである。

「専務、売りが売りを呼んでます」

尾崎の電話が、久我に入った。

「権藤太郎の売りで、地殻変動が起きたのか――」

「西筋の売りものが、相当出てるようですな」

「臭いか」

「どうやら権藤さんは、他所の店からも売ってるらしいです」

「やりかねんな」

「わが社としては歓迎すべきことでしょう」

不意に、久我がいった。

「宮本を見かけないか」

「今日は、未だ見ません」

「宮本を見つけたら顔を出すようにいってほしいが」

「分かりました」

久我が電話をきると、背後で声がした。

「宮本なら、ここにいますよ」

振りむくと、大きな耳の宮本圭一が、くわえタバコで立っていた。

「探してたんだよ」

久我は宮本をうながして、エレベーターに乗った。

「いよいよ売りに拍車がかかって来たようだね」

「これからでしょう」

久我は、わざとらしく首をかしげた。

「権藤太郎は、何軒ぐらいの機関店を使っているんだろう」

「さて、それはわたしにも分からんです」

「今朝の売り方は、予想外に多かった。それも西筋のつなぎ店が圧倒的に多いんだ」

久我のいうとおり、売り方の大部分はキタハマのつなぎ店だった。

土曜日の半日立会いにもかかわらず、株価は七百十六円まで下げた。

出来高も半日で四百二十四万株だから、住友金鉱の相場にはヒビが入ったと、総ての業界紙が書いた。

東朝新聞も、そう書いた。

大暴落

1

清廉潔白という言葉どおり、私欲のないキタハマ中堅証券の福井羊太郎相談役と、銀蔵との関係は一心同体といわれる。

福井の話なら、銀蔵は無条件に信用して疑うことを知らぬほどだ。

銀蔵が嵐山に蟄居して、毎日のように中の島の図書館へかよった昭和八年。

この昭和八年に、銀蔵は初めて福井に逢った。

当時、福井は北浜交叉点にあった兼田証券の支配人だった。

友人の紹介だといって、銀蔵が福井を訪ねて来た。

「新東を買いますよって」

新東というのは、東京株式取引所の新株でアズマシンともいった。

いまの取引所は会員制の取引所だが、昔、各地にあった取引所は株式会社だった。

カブト町の方は東京株式取引所、キタハマは大阪株式取引所と称したが、ともに営利会社である。

そして、取引所の株式そのものが上場され、しかも人気銘柄であった。ところが銀蔵が差し出した証拠金は八円。必要とする証拠金の半分しかなかった。

「足らん分は、貸しとくんなはれ」

銀蔵は新東株が上向くこと間違いなし、との確信を持っていたのだ。

難しい話は、なかった。

福井は銀蔵の目と、固く結ばれた唇の線を凝視した。

「よろしおま」

銀蔵の申し出を、福井は受け入れた。初対面での申し出を、認めたわけである。

二人の間に、目に見えぬものの一本の掛け橋が架けられたのだ。

銀蔵には次々と、いや着実に知恵が生まれた。

人々の考えの裏が、何の努力もせずに分かるのだ。

まるで霊能師が、人々の背後についている霊媒を見出すのと同じほど、如実に他人の考えを看破する才能を有しているのだ。

住友金鉱が四分無償を、三月末に付けると発表したのは三月五日だった。

「この四分無償は、どういうことを意味するのか」

銀蔵は考えた。

この時点で無償をつけるとは、次にファイナンスを意図していることになる。

南アフリカにつぐ埋蔵金があるとすれば、国家的事業だ。

このような場合は、開発公団から低利の融資を、普通は受けるものだが、住友金鉱では独自の資金調達を考えている。

住友銀行が何百億円でも融資するとか、地元の銀行が何十億円の融資を申し込んだとかいうが、良質の資金となればファイナンスだ。

「しかし、四分とは解せぬ」

一割が無理でも五分なら可能であろうと、銀蔵は考えに沈んだ。

思いがけぬなんらかの意図が、この四分無償の背後に秘められているのであるまいか。

住友金鉱の株は、政治家のグループにも、暴力組織にも大量にはまっているようだ。

これらの株は、名儀書換を嫌う。

仕方なく、三月末までには処分せねばならぬと考え、そうさせるべしと打った手と思えぬか。

これには、意図されたものがあるのだ。

株価は六百九十三円を付け、大引けは六百九十円で二十五円高だった。

しかし、翌日は六百六十一円の二十九円安と、上下動が激しくなる。

そして三月九日には、六百円を割って五百九十円引けとなったから、これはおかしいと考える人が増えた。

二月二十五日に、七百七十二円という史上最高値を付けたのち、三月一日に七百円を割った。

それから七日目に、六百円も割り込んでしまったのである。

「これは何かあるぞ」

疑問を持つ人は倍増した。

「何かが仕組まれている」

と考えた人が、カブト町にもキタハマにも多かった。

上げ過程では業績悪化、金相場下落などの悪材料を無視して買いすすんだ。

しかし、株価がこうなると事情が変って当然である。

「オイッ聞いたか。住友名儀の株券がまわっているらしいぞ」

「住友山暴落の原因は、それか」

「仕掛け人は住友らしい」

五人から十人、十人から二十人の間に、住友名儀の株券が流れているとの噂が、囁やかれた。

住友金鉱周辺のグループが、先ず売りに出て株価が下がると、名儀を出せぬ政治家と暴力組織が売りにまわり、利食い急ぎ、損切り派、それに加えてカラ売り派が台頭したからたまったものではない。

株価は奈落の底にむかって、すべり出した。

「是川さんが、やり過ぎねばよいが－」

福井は、盆栽に水をやりながら一人つぶやいた。

「あの人は、何時もやり過ぎてしまう」

というのが、福井の銀蔵観であった。

2

住友金鉱の株価が、おかしくなったのは三月一日の月曜日だった。

米国の雑誌『ニューズウィーク』が、米国経済の大不況突入を予言する記事を書いたのである。

東証のダウ平均は、百十三円強の大幅安になった。

住友金鉱も、つれ安となって七百円大台を割り込んだ。

六百八十二円の安値引け。

前日比、三十八円安となった。

そして三月三日に七百十一円までもどしたものの、いま一つ迫力がなく、九日には六百円台を割ったのである。

なんとも、やりきれぬ気分になって来た。

カブト町の空にも、キタハマの空にも晴れ間を探すことは、不可能だった。

株価を押し上げる過程では、悪材料に見むきもしなかったが、投げで値を消す大日本製薬という悪役が登場すると、追随の動きに走った。

「おかしな動きになった」

銀蔵は株価の奈落に、解せぬものを感じた。

「どこかで大きな力が動いているようだ」

銀蔵は、ひょいと顎を突き出した。

「その大きな力が、株価を強引に下げている」

確かに、強引に株価は下げつづけた。三月十一日には五百二十六円。

そして十二日には、四百二十円を付けたのである。

この日の後場、四百万株の売りものが出た。

ここ数日の暴落で、信用コスト面では売り方の水準まで下がり、売り叩きにハズミがついて来たのは、確かだ。

「最初に売り叩いたのは、住友山の周辺にいる会社筋に近いグループです」

宮本は、銀蔵に電話を入れた。

「次が政治家とか、暴力組織で名儀書換を嫌っている連中です。三番手が利食い急ぎ、次に損をすこしでも小さくという損切り派。最後が、いまのカラ売り連中とつづいたようですね」

「このような大相場の真相は、いつもヤブのなかだ」

「どんなに調べても分からぬ部分があります」

「そういうものだ」

「株価は、未だ下のものですか」

「それは、誰にも分からん。ムカシから相場は相場に聞けというだろう」

宮本は銀蔵の声を、一言も聞きもらしてはならじと、大きな耳に電話器を強く押しつけた。

「丸山証券の手口は、低水準ですね」

「丸山証券には、わたし以外にも沢山の客がおる。あの店の住友山の手口が、総てわたしと思うのは無謀というものだ」

銀蔵の屈託ない笑い声を最後に、宮本は会話を終わった。

翌日の株式関係の業界紙は、一斉に書いた。住友金鉱は、売り方のベースになったと。

売り方の平均コストは五百五十円前後だが、株価は大きく下まわっている。

買い方のコストは六百五十円で、八千万株が水につかった。

銀蔵は売りにまわり、一時は三千万株と称された株数も、大幅に整理されたらしい。

買い方の主役が、後退したのである。

場外で一千万株が、銀蔵から住友グループに移ったといわれた。

「株主の安定化が住友山の念頭にあるとすれば、作戦は図に当たった。所詮、是銀は街の相場師に過ぎぬとの判断を下したのかも知れん」

宮本は、エンピツを走らせながら一人呟いた。

3

三月八日の悪役は、大日本製薬だった。

朝方から売りものを浴びて値がつかず、結局、比例配分して五十円のストップ安になり八百九十円で引けた。

大日本製薬のストップ値幅は、二分の一の五十円になっていたのだ。

ＴＮＦ開発を材料に急伸して、昨年の十二月三日には一千五百二十円の高値まで買われたが、ここに来て売り買いともに信用残が減少し、急速に仕手妙味が薄れたのである。

この余波で、前場後半から仕手株に売り攻勢が始まった。

そして、代表銘柄が住友金鉱だった。

大引け値は、四十六円安の六百十五円。

売りもの殺到で、六百二十円と十円で二度の板寄せをやった結果である。

板寄せとは、売り株もしくは買い株数が一度に押し寄せ、整理不能のため、商いを一時停止させることだ。

権藤太郎は、ニューキタハマビルの三十五階にいた。

「社長、買い方の平均コストは六百七十円前後で、売り方は五百七十円のコストになります」

八木沢の説明を目をつぶって聞いていた権藤がいった。

「そいだら、いまはガップリ四つに組んだ網曳きゾーンか」

「ここは、売り乗せの一手と思いますな」

権藤商事の売りトータルは、すでに七百万株に近い。

売りは、流れに逆らって動く。

それは、高い塀の外側に立っている気持だった。

塀のむこうに何かがあると分かっていながら、いざとなると、手がかり皆無というやつだ。

「売り方で主導権を取ることが必要でっせ」

宇田も、八木沢に同調した。

「よし、明日は六百円を割り込ませよう」

やるなら、この大日本製薬の下落相場に便乗するべしと、権藤は断じたのである。

作戦は成功した。

翌九日の住友金鉱は、五百九十円と二十五円安を演じて、ついに六百円を割り込んだ。

そして十二日には、大量の売りものが後場には輩出し、四百二十円まで下押した。

なんと百十円安の急落だ。売り方が有利となり、売り叩きにはずみがついて来た。

上げ過程の買い主体であった丸山証券の手口は、極度の低水準に落ち込んでいた。

市場では、最近の急落を演出した売り本尊を探して見るものの、所詮、真相は〝ヤブのなか〟である。

そして、三月十五日の住友金鉱は四百八円まで売られた。

二月二十五日の七百七十二円から計算すると、三百六十四円の大幅下落を演じたことになる。

4

三月十五日。住友金鉱の株価は、四百八円を付けた。

この日、東証のダウ平均は今年最大の下げを演じた。百六十一円九十九銭安で、七千円の大台を割り込んだ。

ソニーが三千円を割り、松下電産も千円大台割れとなった。そして、日立もＡＤＲ（米国預託証券）の公募価格を割った。

このところ、バラバラつづいていた外人売りが、ボディーブローの効き目を発揮しだした。

余波を受け、住友金鉱も四百円割れと思わせたのだ。

チャーチストたちは、三百八十円を口にした。

地団駄を踏んで口惜しがったのは、損金を入れて貰うべく顧客訪問をしている朝倉だ。

逆に青くなったのは、大場である。

こんどは買い方が苦渋の毎日だった。

「部長、蒸発した吉川も出て来るかも知れませんな」

「そやけど、お前と同じような事情になってたらアカン。売り方ほど怖気づくと我慢できなくなるから、もう買いもどしてるよ」

朝倉は、クスンと鼻をならすと窓の外の曇り空を仰ぎ見た。

そして、実感をこめていったものだ。

「相場は、本当に一寸先が闇ですな。誰にも分からん」

「是銀さんにも分からんかったやろ。この暴落はひど過ぎるわ」

「そうそう、こんなこと聞きましたで」

「何や」

気のなさそうに、大場は返事しながら〝楽あれば苦あり〟だ、と思った。

「土曜日に四百二十円で四百万株。そして今日、四百五十円で六百万株だから合わせて一千万株が、是銀さんから住友グループに移ったというんです」

「本当か」

「さっき情報を専門にやっている友人から聞いた話ですねん」

「女へんのバイカイか」

プロの仲間がいう女へんの媒介は、市場外で行なう直接取引だ。

媒の文字が女へんであるところから生まれた言葉である。

この媒介制度を利用すると、多くの人々の目を封じたままで、玉の移動が可能なのだ。

一千万株が、銀蔵の手から住友金鉱に渡ったというのである。

これらの株は住友銀行、住友商事、住友信託、住友海上など、住友グループが引き受けるという話だ。

これは一介の相場師である銀蔵が、筆頭大株主になることを阻止する作戦に、成功したという血なまぐさいドラマが、背後に秘められていた事情を語るらしい。

「そのために、株価を下げさしたわけか。ひどい話や」

「ちょっと例がおまへんやろ」

大場は、四百円割れは間違いなしと思えるチャートを目の前にひろげ、相場の厳しさを、いまさらのように思い知らされた。

「思いきって投げるか。その前にやることがある」

大場は、電話器のプッシュボタンを押し、黒木証券を呼び出した。

「山瀬さん、いてはりまっか」

山瀬に大場が電話しているとき、権藤太郎は社長室で、カラ売りの買いもどしを秘書に命じていた。

砂から宝石を

1

三月十八日のニッポン経済タイムスの朝刊は、関係者の説明によれば、住友金鉱の菱刈金山は世評どおり凄い、と一面に書いた。

「待ってました」

とばかりに、買いものが殺到したこと、もちろんである。

二千万株の買い注文が出たから、たまったものではない。

急場を下げて、ヒビが入ったとばかりに売り込んでた連中が、狼狽した。

これはたまらんと急拠、買いもどしを入れた。

また、七百円台の買いものを持っていた人はナンピン買いを入れ、平均コストを下げようとした。

ナンピンは漢字で書くと、難平と書く。

難は損することで、損を平均化するのが難平である。

株価が下がったとき、買い増しをして買い値のコンスタント数字を値下げするのを、ナンピン買い下がりという。

新規の買い注文も入るから、堰を切った激流のようなことになった。

フィーバーに驚いたのは、東証である。

至急、発行会社を招いて事情を説明して貰う必要があるからと、後場の立ち会いを停止してしまった。

記者会見は一時半から東証の記者クラブで行なわれ、住友金鉱の専務は用意した原稿を読みあげたのだ。

そして十四本のボーリングは、すでに終わり、いま新たに四本を掘っていると説明した。

「結局、最終的には十八本掘ることになります。これまでのデータによりますと、板状の金鉱脈が幅約六百メートル、深さは百メートルから百五十メートルにわたって確認されました」

専務は白いハンカチで、額の汗をぬぐった。

記者たちは、専務の言葉を聞きもらしてはならじと、エンピツを走らせ、熱気にほてっている。

「この部屋、ちょっと暖房が利き過ぎですね――」

専務は、自分の言葉に熱くなっていた。

「そしてですね」

専務はハンカチをポケットにしまうと、本題に話を戻した。

「金の含有量ですが、鉱石一トン当たり最高の物は六百五十六・二グラム。いちばん悪い物で十一・九グラムになります」

「ホー」

驚きの声が、記者団からあがった。

若い記者が、右手を上げて問いかけた。

「極めて高品位ですね」

「そういうことになります」

別の記者が、つづけて質問した。

「それほど大規模な金鉱脈が、何故いままで発見されなかったのでしょう」

「そうだ。その点が納得できない」

「不思議な話だ」

何人かの記者が口々に話し出し、一時的だが室内は騒然とした。

記者たちの声が、ある程度おさまった頃を見はからって、専務が冷静にいった。

「実は、わたしも不思議な話があるものだと思っています」

かつて東洋一の金鉱山とされた北海道の鴻之舞金山でさえ、七十三グラムだった。

しかも、この山は閉山済みで、いま国内で最も品位が高いとされる大泊鉱山の二十グラムに比べると、菱刈金山の平均百グラムは五倍になるわけだ。

仮に百トンの埋蔵量として、グラム二千五百円の地金価格で換算すれば二千五百億円だ。

宮本は、専務の話を聞きながら、これでは今朝のニッポン経済タイムスの記事と、すこしも変わっていないと思った。

「どういうことだ」

仕組まれたお芝居だ、と宮本は合点した。

シナリオを書いたのは住友金鉱自身と、宮本は納得したのだ。

「相場は、これで立ち直るだろう」

宮本は無表情のまま、タバコに火をつけた。

「しかし、安いところで叩き売った投資家は、どうなる。ダウが二百円からの下げを演じた翌日、こんどは二百円高をやるほど乱高下が著しい昨今だが、これではたまったものではない」

宮本は、専務の顔を、またたきもせずに眺めながら大きな耳を動かした。

「喜ぶのは権藤太郎だけだ‼」

2

十八日は前場寄り付きから、住友金鉱に買いものが殺到した。

結局、引けあと比例配分で値を付けることになったが、前日の買い気配値比八十円のストップ高を演じ五百六十円。

残った買い株数は、七千三百九十一万株だった。

いままでに例のない大きい株数が、買い注文として残ったのである。

比例配分とは、買い株数が多い場合は買い方に、売り株数が多い場合は売り方に公平な配分をする仕組みだ。

単なる時間優先で商いを成立させることによって生じる不公平を断つ処理方法だが、比例配分で出来た株数は、たったの八十万株だった。

まるで、スズメの涙だ。

「いままでに例のないことだぞ」

それほど、現時点では売る人がすくないのだ。

掌中の金のタマゴを手ばなす馬鹿は、いないということかも知れぬ。

大場の言葉に、朝倉が返事した。

「確かに部長、七千万株もの買いが残ったことは、過去におまへんな」

翌十九日もストップ高を付け、連日のストップ高となった。

菱刈金山の金鉱開発に着手したニュースは、大きかったのである。

しかし、相場というものは難しいものだ。

第三土曜、日曜、日曜が彼岸に当たったので、振り替え休日となった月曜日の三日連休を済ませた二十三日には、大波乱となった。

四十円高の七百円ちょうどで寄り付いたあとは、一転して売り気配になってしまったのである。

そして、前引けには百八十万株の売り玉が残った。

後場も売りものがつづき、六百六十円まで下げたから、ここらで一度相場は終わったと思われたのである。

売り買い交錯というわけだ。

何回となく商い整理のため、売買は中断され、六百九十円の陰線引けとなった。

ところが、実際は違ったのである。

最終値は、確かに六百九十円だが、大引けは七百円の買い気配で、二十万株の買い物を残して終わったのだ。

ボードを見ながら大場は、電卓を叩いた。

「売り方の平均コストは五百二十円。買い方は六百七十円ぐらいになっとる。金利とか手数料を入れると七百円前後や。この辺は利食い水準となるから波乱含みの正念場は、いよいよこれから買いもどしが入るやろ」

「相場は分かりまへんな」

朝倉は、未だ損金を入れてくれぬ客をかかえている。

「本当にそうや」

大場は朝倉に合い槌を打った。

自分も、ついこの間までは、一寸先が闇だったことを思うと、身の毛がよだつ思いである。

二十六日、ダウ平均は七千二百円台を回復したが、市場の人気は住友金鉱など仕手材料株一色だ。三月十七日に六千八百八十九円を付けたダウ平均の反発だが、内外の経済・金融情勢は依然、不透明である。

翌二十七日に四分無償を落した住友金鉱の終わり値は、八百八十九円のストップ高で、九百円寸前となった。

「査察が住友山の本社に入るというてまっせ……」

朝倉が、大場に伝えた。

「しかし、日本石油でも実際に入ったのは噂が出てから半年あとやったんと違うか」

「そうでしたな」

「売り方が流すタメある噂やろうけど、まあ即効性はない」

唐突に朝倉が、叫ぶような声でいった。

「頭に来ますわ。あのまま持っていたら、いま頃はオンの字でっせ」

「株屋商売は水商売や。何しろ売ってるか、買ってるかで長者になるか、乞食になるかが分かれてしまうんやから」

「それにしても、是銀さんが安いところで住友に株を流しはった直ぐあとの記者会見でっしゃろ。これは陰険な企みや。何かおまっせ」

3

三月三十一日に住友金鉱は、ストップ高の五十一円で一千四十円を付け、見事に四桁相場を実現した。

出来高は比例配分で五百九十一万株だが、買い注文として残ったのは六百八十万株である。実際に商いが成立した株数よりも九十万株も多い株数が、残ったわけだ。

前日の三十日もストップ高で九百八十九円で引けたが、出来高は八百四十三万三千株で、四百四十万株の残だった。

「強い相場ですな」

山瀬が、銀蔵にいった。

これで、老相場師が引退する花道が見事に出来あがったと、山瀬は思ったのである。

同和鉱業の相場が不調に終わったゆえ、今回の住友金鉱は負けられない一戦だった。

「わたしは銘柄を鑑別するのと同じだと思う。客観的に見て、この人物はどうとか、こうとかいっても無理だ。やはり、基本的には好き嫌いから出発してると思う。自分は、この人物が好きか嫌いかが、信頼につながると思うんだ」

一言一言を銀蔵は、くつろいだ表情で語ってみせた。

「銘柄の場合も同じことで、その銘柄を好きにならんとアカンと思う。好みというものには、自信と執着がついてまわるんだ」

「そうですな」

山瀬も、その考えは一緒だった。

「身もフタもないことをいうとすれば、最高の銘柄鑑別の方法は、下手な銘柄を選ばないことだ。得意とする世界への全力投球が、いちばん成功への近道だろうね」

「そない思います」

「そうやろ。住友山の相場も考えれば、とどのつまりは運とカネと度胸の勝負だ」

銀蔵は日頃、周りの人たちに聞かせていた。

人間の欲は一を得ることに成功すれば、次に二を求め、これに達したのちは三にすすむ。天上に際限はないのに、普通一般の人々は、そのような人物を見ると、

「野心の強い人ですなとか、出世欲の旺盛な人間だといって、嫌悪のポーズを取って見せるが、あれはおかしい」

人間が生きる上で、欲望は極めて大切だ。

欲のない人間には、どのような仕事も任すことはできない。

欲こそが、人間活動の原動力になっていると、銀蔵は語る。

蟹は甲羅に似せて、穴を掘ると昔からいうが、それでは何時までも、大きく成長することが難しい。

「例えば、この住友山の相場も冷静に考えれば、いろんな問題点がある。株式市場は何時も鵜の目、鷹の目で仕掛け玉を探し求めて動きまわる体質があって、虎視眈々だ。とくに相場の環境が恵まれて

いない時には、何でもない材料でも誇大視する」

銀蔵は、ポケットから煙草の箱を出して一本抜くと、口にくわえた。

山瀬が、あわてて卓上ライターを差し出した。

「ところが、どんなことがキッカケになって大相場に発展するかも知れん。理屈に合わぬ相場と思っても、あれよあれよと思うまに株価は天に駆け昇ってしまったということがあるだろ。そこに理解を拒む相場の本質がある」

どうやら銀蔵には、住友金鉱が一千円の大台に乗せた事実を冷静に受けとめ、感情の昂ぶりなどは、ひとかけらもないようである。

4

住友金鉱が品位の高い金鉱脈を発見したニュースは、確かに、それなりの価値を有している。

ましてや、わが国は資源の乏しい国だ。

金準備は、世界の先進国のなかでは、最低の国だ。

その国が、大金鉱脈を発見したのである。

騒ぐのは、当たりまえだ。

しかも、三月二十三日からは金の先物取引所がオープンし、四月一日からは銀行や、証券会社の窓口で、金の先物取引が始まった。

金の過中に、放り込まれたのである。

「しかし、海外の金相場は暴落している。ところが、そんなことには頓着せず、悪材料は海のむこうの話と無視する。われわれには、関係なしと馬耳東風だ」

「――」

山瀬は、何時もは寡黙に近い銀蔵が、雄弁とは行かぬものの自分から語る言葉の一つ一つを、黙って聞いていた。

「これは問題やと思う」

一言でも聞きもらしてはならじと、煙草をふかしながら山瀬は、ソファに浅く腰掛け、上半身を直立させるように緊張していた。

山瀬の緊張が、銀蔵にも通じたらしい。

「そんなに緊張せんと聞いてくれたまえ。別に難しいことをいうつもりはない。ただ、ここで一度は頭を冷やす必要があると思ってるだけだ」

銀蔵は自分の話が、どうも固くなって来たことを察してか、言葉を切った。

「そんなことはおまへん。勉強になります」

「そうかなー」

話が小休止に入るのを待っていたのか、電話のベルが鳴り響いた。

「宮本ですが」

東朝新聞の宮本だった。

「千四十円を付けましたね」

「住友山ですか」

「そうです」

分かり切ったことを仰言ると、宮本はつづけた。

「目的を達成されたわけですね。ご感想を、お聞かせ下さい」

声高で口早に話す宮本に、銀蔵は水を浴びせるようにいった。

「何もないよ」

「そうですか。去年の八月には二百三円であった住友山が、二月二十五日には七百七十二円を付けた後、一転して四百八円まで急落しました。その住友山が、いま千円大台に乗せたのですよ。当然何かコメントがあると思いますが——」

「ありません」

銀蔵は、先ほどと寸分変わらぬ返事をくり返した。

「住友グループへ肩代わりされた株のことについても、何かありませんか」

「ありません」

宮本は電話のむこうで、また、大きな耳を動かして地団駄を踏んでいるだろう。

「宮本くん、わたしは住友山に惚れていたんだ。よいかね、住友山は大きく叩けば大きく鳴り、小さく叩けば小さく鳴る」

「禅問答のようですね」

「どのように取るのも、あなたの自由です」

「そうですか」

「そうですよ。相場は、そのようなものです。確かに金は値打ちがありますが、金を食べても腹はふくれませんからね」

いちばん冷静に相場を見ていたのは、銀蔵なのだ。

5

易者は見てもらいに来る人の将来について、安堵感をあたえ、ときには悪運の現実化を防ぐ道を示唆する。

「しかし、わたしは易者ではない」

と、銀蔵は考えるのだ。

金に価値があることは、誤りない。

貨幣的には、まさに永劫不滅であることは間違いなかろう。

ベトナムの難民は、国を捨てても金は捨てなかった。

逃亡船に乗せて貰う運賃は、金の延べ棒で支払われ、金以外の通貨はもちろんのこと、どんな宝石を差し出しても、船員は無視した。

ベトナム人は、知っていたのだ。

金さえ所有しておれば、世界の国へ行っても、強いことを。それなりの生活維持は可能と。

しかし、金は食べられない。

それでも人々は、金を見ると目の色を変える。

金でつくった瓶のように完全であるという金甌無欠は、銀蔵には無関係だ。

大騒ぎはせぬ。

「昔、中国の斉の時代だが、ある人物が市場で金を盗んで帰った。大勢の人が見てるのに、何故、盗んだと役人が問うと、見えたのは金だけで人々は見えなかったという」

戦争中に大陸に渡った銀蔵は、中国の逸話に詳しかった。

「この盗人のように、金を攫《つか》む者は人を見ずということがある」

電話のことなど忘れたように銀蔵は、先ほどと同じ調子で話をつづけた。

「わが国の金に対する価値意識は、海外の諸外国と違う。わが国の場合は、金を持つと何か資産家になった気分になる。人間の生命以上に貴重なものを所有した気持になってしまうらしい。優越感が生じるんだ」

ここで銀蔵は、多少首をかしげるようにして、また言葉をつづけた。

「その点、石油は違う。生活に密着した関係がある。いまは石油需給の崩れで評価が下落しているが、石油は金と違って生活必需品だ」

「まったく石油がなければ大変だということは、二度の石油ショックで皆が知ってます」

山瀬は、初めて銀蔵の言葉に、自分の言葉を、積極的にはさみ込んだ。

上がるから買う、買うから上がるのは株式相場のみでなく、総ての相場に見られる現象だが、それはあくまで一時の興奮のルツボのなかで踊っているに過ぎない。

銀蔵は、そういってると山瀬は解釈したのである。

そして、思ったものだ。

「是銀さんは、自分に好ましいように生きるのが、何よりもの信条なんだろう」

それにしても是川銀蔵という人は、体験せぬことも、実際に体験した人より、自分のものとして感じることが出来る人と思った。

この人は、砂のなかから宝石を探し出す才能を有する人だ。

「ここは割り切って、こころすべきと思う。相場の原点に帰るときだ。いまのような金ブームが続くと、どんな忠告も強気一色の人には通用せぬ」

銀蔵の声が、すこし強くなった。

「ブームが醒めると、住友山の株も砂上の楼閣になるかも知れぬ」

是川銀蔵は厳しく、やさしく、質素で、そのうえ寂しがり屋の孤独な魂の主だった。

そして、このときニューキタハマビルの三十五階で権藤太郎は、水割りを手にしながら新しいカラ売り作戦を考えていた。

あとがき

相場師の多くが、証券会社の社長だった。拙著『実録・北浜の相場師』に登場する岩本栄之助、高倉藤平、松谷元三郎、松井伊助、井上徳三郎、島徳蔵、野村徳七、藤本清兵衛のいずれもが、昔風にいえば株屋のジキ（主人）である。いうなれば手数料を必要とせぬ相場師だ。

しかし、是川銀蔵氏とか、先に九十三歳で大往生した坪田喜雄氏は異なる。往復の手数料を払っており、証券会社のディーラー計算に便乗することなど皆無だ。ショバ代を支払っている大口投資家で、機をてらうことはない。

是川銀蔵は神戸の商社が倒産したとき、ロンドンの知人を頼って発つが、大戦の余波でヨーロッパへ行けず、青島《チンタオ》で働く。人間には可能性が秘められ、それが出会いで開花するのであろうか。それとも人間には宿命があり、知らず知らず出会いを選び取るのであろうか。いずれにしろ偶然のめぐり会いと思えるものが、本質に入り込むことがある。

青島で厘銭の鋳潰しをやるが、容易な仕事ではない。役所との接触を、くり返さねばならぬ。ところが同業の誰がやっても、はかばかしくない。それならと、十代の銀蔵少年が重責を買って出て成功した。

終戦後、行政を説得し、邦人の朝鮮引き揚げを、スムーズに運ばせたりもしたが、その説得力たるや真似できぬ。是川氏の依頼を断わることに、人々は罪を感じるのだ。政界への出陣をうながされたが、辞して動かなかった。もし、政界に踊り出しておれば、日本の政治は変ったかも知れぬ。

　相場師と称されるほどの人間は、いつ倒れるか知れぬ弥次郎兵衛人形に見えるが、その実は強靱な精神の主だ。抽象的な思弁や、空疎な修飾に流れることはない。声高に叫んだり、過剰な情緒に溺れぬ。そのストイシズムは、職人の潔癖と似るほどだ。

　是川銀蔵氏は、株式相場は百人やれば百人が損すると説く。

「人喰い虎の頸に金鈴が繋けてある。誰か解いてやれ――」

法眼禅師の公案だ。鼠たちが猫に鈴をつけるが、上策と考えた。音で近寄る猫が分かるというが、誰が鈴をつけるかだ。

　折角の案も流れざるを得なかった。法眼の説法も似るかして、応える僧はない。外出から帰った僧が、躊躇せず応えた。

「繋けた者が解ける」

趺坐《ふざ》した僧の眼からウロコが落ちた。人間の可能性が開花する出会いも、虎から鈴を解く才能も、時代を生きのびる者のみが、手にでき得る。

　百人の例外を生きるとは、眼からウロコを落すことから始まるのかも知れぬ。

著　者

中村 光行（なかむら みつゆき）
著書に「実録・北浜の相場師」1975年（人事ジャーナル社）「翔んでる格言」1979年（岡本書店）「こちら北浜」1981年（大蔵経済出版）「株で儲けるための9章」1982年（日本文芸社）「実録・仕手戦の内幕—第三の仕掛人が大相場をつくる。」1987年（オーエス出版）「株で儲ける〈極意〉百箇条」1988年（同）などがある。

希代の相場師 是川銀蔵
阿修羅を生きる黄金の顔の全貌

2018年7月30日 第1刷発行
2023年6月20日 第2刷発行

著　　者	中村 光行
発 行 者	千葉 弘志
発 行 所	株式会社ベストブック
	〒106-0041 東京都港区麻布台3-4-11
	麻布エスビル3階
	03（3583）9762（代表）
	〒106-0041 東京都港区麻布台3-1-5
	日ノ樹ビル5階
	03（3585）4459（販売部）
	http://www.bestbookweb.com
印刷・製本	中央精版印刷株式会社
装　　丁	クリエイティブ・コンセプト

本書籍は、平成30年5月18日に著作権法第67条の2第1項の規定に基づく申請を行い、同項の適用を受けて作成されたものです。

ISBN978-4-8314-0228-8 C0033

定価はカバーに表示してあります。
落丁・乱丁はお取り替えいたします。